서울대 한국어+

Student's Book

서울대학교 언어교육원 지음

장소원 | 김수영 | 김미숙 | 백승주

1A

서울대학교출판문화원

머리말

《서울대 한국어＋》는 한국어 학습자들의 효율적이고 단계적인 한국어 능력 향상을 목적으로 서울대학교 언어교육원의 오랜 교육 경험을 바탕으로 기획되었습니다. 이 시리즈는 한국어 학습자들의 한국어 표현 영역과 이해 영역의 고른 향상을 목표로 말하기, 듣기, 읽기, 쓰기 네 가지 기능을 고루 향상할 수 있도록 구성된 학습자 친화형 교재이자 학습자들의 주도적 학습을 위한 교재로 기획되었습니다.

《서울대 한국어＋ Student's Book 1A》는 한국어를 처음 접하는 성인 한국어 학습자들이 약 200시간의 정규과정을 통해 친숙한 주제와 내용으로 한국어 학습의 첫 단계를 시작할 수 있게 구성하였습니다. 이 교재의 시작은 어휘 영역으로, 그림을 통해 학습자들의 이해를 돕고자 하나의 장면 안에 해당 어휘가 사용되는 상황을 제시함으로써 이를 보면서 개별 어휘의 의미를 이해하고 익힐 수 있도록 하였습니다.

기존의 교재가 문법과 표현을 전면에 제시한 것과 달리 이 교재에서는 문법을 별도의 책으로 구성하여 학습자들이 먼저 문법과 표현을 익힌 후 주교재의 활동을 통해 내재화할 수 있도록 하였습니다.

말하기 활동을 강화하여 학습자들이 익힌 어휘와 문법을 실제 상황에 유용하게 활용할 수 있도록 하였습니다. 또한 듣기와 읽기 활동은 전-본-후 단계를 거치도록 구성하였는데 실제성이 높고 유용한 담화를 활용하여 듣기와 읽기를 강화하고 학습자의 의사소통 능력을 향상하고자 하였습니다. 모든 말하기, 듣기, 읽기 내용을 교재 내 QR 코드를 활용한 음성 자료로 제시함으로써 학습자들이 쉽게 활용할 수 있도록 하였습니다.

쓰기 영역 역시 단계적으로 구성하여 학습자들이 과정 중심의 쓰기 활동을 통해 표현 능력을 향상할 수 있게 하였습니다. 또한 각 단원의 과제는 실제성을 고려하여 목표에 이르기까지 단계별 과정을 거쳐 완성도를 높였고 각 단원에서 학습한 어휘와 문법을 충분히 활용하여 익힐 수 있도록 하였습니다.

문화 영역은 그림이나 사진을 충분히 활용함으로써 초급 학습자들도 한국의 문화를 쉽게 이해할 수 있도록 하였는데 특히 실생활과 밀접한 내용을 담아 학습자들에게 유용하도록 구성하였을 뿐만 아니라 수동적인 문화 학습을 벗어나 학습자가 참여하여 이야기할 수 있도록 상호문화적인 내용도 담았습니다.

　발음은 필수적인 발음만 제시하고 이와 연계하여 복습에서 정리할 수 있도록 하였고, 영어권 학습자를 위해 지시문, 새 어휘, 대화문, 문법 설명과 문화 부분을 영어로 번역하여 제시하였습니다. 마지막으로 이 책의 특징 가운데 하나는 한글 자모를 책 속 소책자(book-in-book) 형태로 제공함으로써 학습자의 편의를 도모한 것입니다.

　한국어 표현 중에 옷을 입을 때에는 '첫 단추를 잘 끼워야 한다'는 말이 있습니다. 옷의 첫 단추를 잘 끼우지 않으면 옷 매무새가 흐트러지듯이 한국어를 배울 때에도 시작을 잘해야 길을 잃지 않고 손쉽게 한국어를 익힐 수 있습니다. 《서울대 한국어⁺》로 한국어 학습의 첫 단추를 잘 끼우시기 바랍니다.

　이 책이 나오기까지 정말 많은 분들의 수고가 있었습니다. 서울대학교 국어국문학과 장소원 교수님은 《서울대 한국어⁺》 1~6급 교재의 개발을 위한 사전 연구부터 시작해서 전체적인 작업을 총괄해 주셨고, 1급 교재의 집필을 총괄한 김수영 교수님을 비롯해서 김미숙, 백승주 선생님은 오랜 기간 원고 집필뿐 아니라 검토와 편집 작업에 깊이 관여하며 《서울대 한국어⁺》의 전체적인 모습을 완성해 주셨습니다. 또 1급 교재 전권의 내용뿐 아니라 녹음 과정까지 일일이 챙겨 주신 김은애 교수님의 감수와 한재영 교수님, 최은규 교수님의 자문이 없었다면 지금과 같은 책의 완성도를 기대하기 어려웠음을 잘 알고 있습니다. 깊이 감사드립니다. 그리고 영어 번역을 맡아 주신 이소명 번역가와 번역 감수를 맡아 주신 UCLA 손성옥 교수님, 그리고 멋진 삽화 작업으로 빛나는 책을 만들어 주신 ㈜예성크리에이티브 분들께도 감사드립니다. 또 녹음을 담당해 주신 성우 김성연, 이상운 선생님과 2022년 봄학기에 미리 샘플 단원을 사용한 후 소중한 의견을 주신 1급의 강수빈, 강은숙, 민유미, 신윤희, 이수정, 조은주, 하승현, 현혜미 선생님께도 진심으로 감사의 말씀을 드립니다. 마지막으로 학술 도서와 성격이 다른 한국어 교재의 출판을 결정하고 물심양면으로 지원해 주신 서울대학교출판문화원 이준웅 원장님과, 힘든 과정을 감수하신 관계자분들께 깊이 감사드립니다.

2022년 8월
서울대학교 언어교육원 원장
이호영

Preface

SNU Korean⁺ was developed with the goal of improving Korean language skills among Korean learners in an efficient and step-by-step manner, based on the extensive educational experience of the Seoul National University Language Education Institute. This series is designed for learners and is meant to encourage proactive learning in order to help Korean learners improve their speaking, listening, reading, and writing skills, as well as their production and expression of the Korean language.

SNU Korean⁺ Student's Book 1A is intended for adult Korean learners who are new to the language to start learning Korean with familiar topics and content through a regular course of approximately 200 hours of classroom instruction. This textbook begins with a section on vocabulary that gives students the opportunity to study and pick up on the meaning of specific phrases by presenting scenarios in which visuals are used to aid in the understanding of the vocabulary.

Instead of including grammar and expressions like in the previous textbooks, a grammar explanation book was created separately so that students could initially learn grammar and expressions from this book before internalizing them through the activities in the Student's Book.

By emphasizing speaking exercises, learners can apply their newly acquired grammar and vocabulary in real-life situations. Additionally, listening and reading exercises are structured to go through the pre-mid-post stages and incorporate practical conversations to enhance reading and listening. All speaking, listening, and reading contents are presented in the textbook as audio files via QR codes so that learners can easily access them.

Writing is also divided into stages, allowing learners to improve their expressive skills through process-oriented writing activities. Furthermore, the exercises in each unit have been enhanced by using a step-by-step manner to achieve goals while considering authenticity and allowing learners to fully utilize the vocabulary and grammar they learned in each unit.

The culture section utilizes illustrations and photos so that even beginning learners can easily grasp the Korean culture. It contains content that is directly tied to real-life scenarios that are valuable for learners, as well as intercultural content that allows them to actively participate in the dialogue.

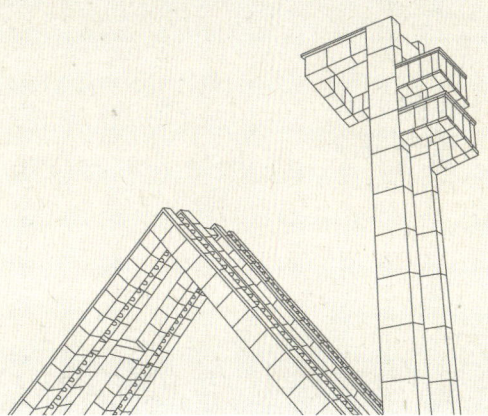

Only essential pronunciations are shown so learners can easily review them. Instructions, new vocabulary, dialogue, grammatical explanations, and cultural elements are translated and presented in English for English-speaking learners. The Korean consonants and vowels are provided in the form of a book-in-book for the convenience of learners.

According to a Korean proverb, the first button on a shirt must be buttoned properly. Similar to how you will appear sloppy if you do not correctly tighten the first button on your clothes, you should start learning Korean on the right foot so that you will quickly learn the language without getting lost. Please make sure that your first button is with **SNU Korean⁺**.

A lot of dedication went into the publication of this book. I would like to express my sincere gratitude to everyone who contributed to this project. Thank you to Seoul National University Professor Chang Sowon at the Department of Korean Language and Literature, for overseeing the entire project, beginning with the preliminary research for the development of **SNU Korean⁺** Levels 1-6, Seoul National University LEI Professor Kim Sooyoung, for editing the authoring of Level 1, and Seoul National University LEI Instructors Kim Misook and Baek Seungjoo, for writing, reviewing, and editing the manuscript to produce the overall completion of **SNU Korean⁺**. My deepest thanks to supervisor, former Seoul National University LEI Professor Kim Eun Ae, for supervising Level 1 and managing the recording process; and consultants Hanshin University Honorary Professor Han Jae Young and former Seoul National University LEI Professor Choi Eunkyu because the Level 1 textbooks could not have been developed without their help. Thanks to translator Lee Susan Somyung, translation editor UCLA Professor Sohn Sung-Ock, and the YESUNG Creative artists for the stunning illustrations. Many thanks to the voice actors Kim Seongyeon and Lee Sangun, along with Seoul National University LEI Level 1 Instructors Kang Subin, Kang Eunsook, Min Youmi, Shin Yoonhee, Lee Sujeong, Cho Eunjoo, Ha Seunghyun, and Hyun Hyemi, for providing insightful feedback after using the sample unit as a pilot in the spring semester of 2022. Lastly, a special thanks to Seoul National University Press Director June Woong Rhee for providing financial and spiritual support and deciding to publish these Korean textbooks, as well as everyone for working tirelessly on this project.

August 2022
Lee Hoyoung
Executive Director
Language Education Institute, Seoul National University

일러두기 How to Use This Book

《서울대 한국어+ Student's Book 1A》는 '한글 배우기'와 1~8단원으로 이루어져 있고 각 단원은 두 과로 구성되어 있다. 1과는 '어휘, 말하기 1·2·3, 듣기 1·2', 2과는 '어휘, 읽기 1·2, 쓰기, 과제, 문화, 발음, 자기 평가'로 이루어져 있으며 각 과는 4시간 수업용으로 구성되었다.

SNU Korean+ Student's Book 1A consists of *Learning Hangeul* and Units 1-8. Each unit has two lessons – Lesson 1: Vocabulary, Speaking 1, 2, 3, Listening 1, 2, and Lesson 2: Vocabulary, Reading 1, 2, Writing, Task, Culture, Pronunciation, and Self-Check. Each lesson amounts to 4 hours of classwork.

단원의 주제와 관련된 그림과 질문을 보고 해당 과의 주제에 대해 생각해 볼 수 있도록 구성하였다. 질문을 이해하고 답을 생각하면서 배경지식을 활성화하고 학습 목표와 내용을 인지할 수 있다.

The book is designed so that learners can think about the topic of the lesson by looking at the pictures and questions related to the topic of the unit. By understanding the questions and thinking about the answers, learners can activate their background knowledge and recognize learning goals and subject matter.

어휘 Vocabulary

주제별로 선정된 목표 어휘를 그림과 함께 제시하여 의미를 유추할 수 있도록 구성하였다. 초급의 경우 영문 번역을 함께 제시하여 학습자의 이해를 돕고자 하였다.

The target vocabulary selected for each topic is presented with pictures so learners can infer the meaning. For the beginning levels, English translation is provided to help with learners' understanding.

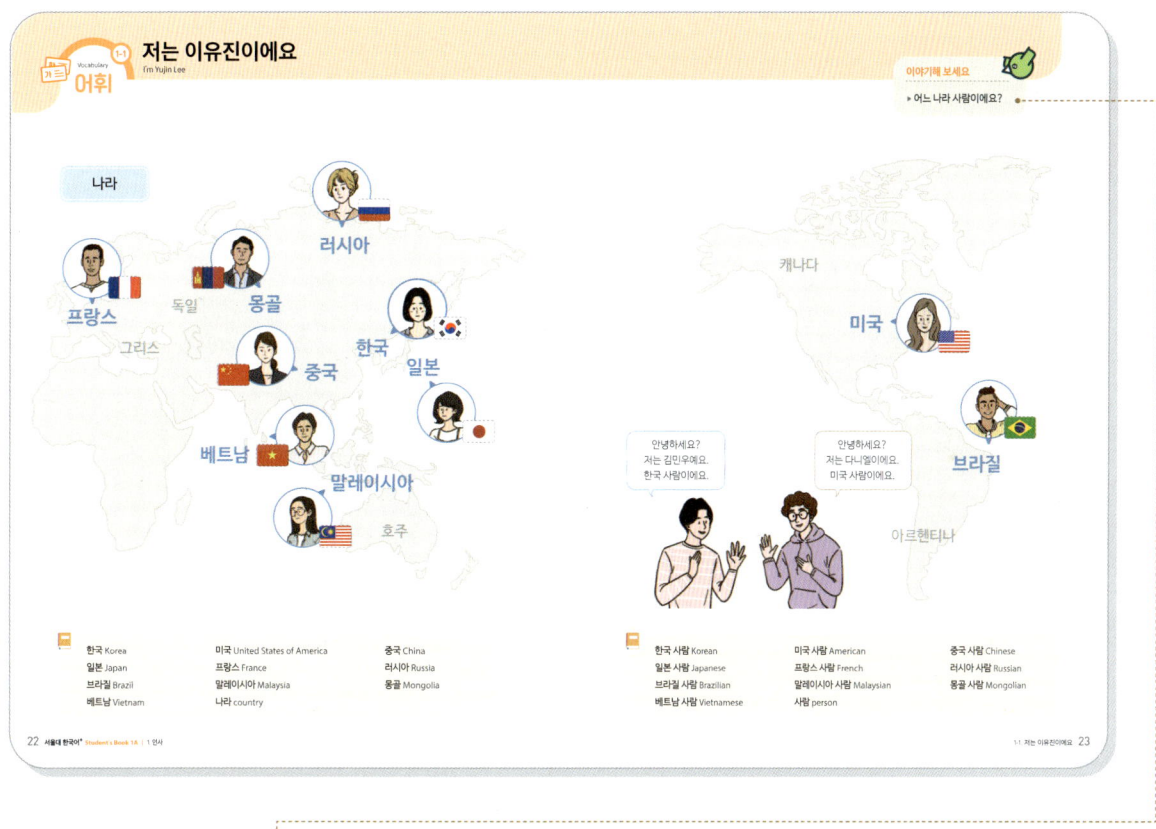

어휘를 사용하여 간단한 질문에 답을 해 보면서 어휘의 형태적, 의미적 지식을 확인하게 한다.

By using vocabulary to answer simple questions, learners can confirm their morphological and semantic knowledge of it.

말하기 Speaking

해당 과의 목표 문법과 표현 및 주제 어휘를 내재화할 수 있도록 대화문에 포함하여 제시하였다. 말하기는 1, 2, 3단계로 구성된다. 구체적으로는 목표 문법과 표현 및 주제 어휘를 포함한 대화문으로 교체 연습을 하는 '말하기 1·2'와 담화 연습인 '말하기 3'으로 이루어져 있다.

The unit's target grammar, expression, and topic vocabulary are included and presented in the dialogue for learners to internalize them. Speaking consists of 1, 2, and 3. Speaking 1 and 2 are set up as replacement practices for the target grammar and topic vocabulary, respectively, while Speaking 3 is conversational dialogue.

말하기 1·2 Speaking 1, 2

어휘와 표현을 교체하여 목표 문법과 표현을 정확하게 익히고 '말하기 3'을 준비할 수 있도록 한다.

By substituting the vocabulary and expressions, learners can accurately learn the target grammar and expressions as well as prepare for Speaking 3.

말하기 3 Speaking 3

해당 과의 주제에 대한 대화문으로 학습자가 직접 구어 담화를 구성하는 연습으로 이어지도록 하였다.

As a dialogue of the unit's topic, it helps learners practice composing oral discourse on their own.

학습자가 유의미한 담화를 구성할 수 있도록 2~3개의 상황 예시를 그림으로 제시하고 제시어를 보기로 주어 학습자가 유창하게 말할 수 있는 연습을 하도록 한다.

To help learners formulate meaningful discourse, 2-3 situational examples are presented through pictures, and keywords are provided so learners can practice speaking fluently.

발음 주의해야 할 발음을 간단히 제시하여 발음의 정확성과 유창성을 높이도록 구성하였다.

Pronunciation Simple pronunciation tips are offered to increase accuracy and fluency.

듣기 Listening

'준비', '듣기 1·2'와 '말하기' 활동으로 구성된다.
This section is composed of Warm-up, Listening 1, 2, and Speaking.

준비 Warm-up

듣기 전 단계로, 들을 내용을 예측할 수 있는 질문이나 사진, 삽화 등을 제시하여 학습자의 배경지식을 활성화한다.

As the pre-listening stage, learners' background knowledge is activated by presenting questions, photos, and illustrations that learners can predict what they will hear.

듣기 Listening

듣기 단계는 듣기 1과 2로 구성하되 난이도에 따라 제시하였고 실제적이고 다양한 종류의 듣기 자료를 제시하여 학습자의 의사소통 능력 향상에 도움을 주고자 하였다. 듣기 단계에서는 들은 내용을 확인하는 문제를 제시하여 학습자 스스로 이해도를 점검해 볼 수 있도록 하였다.

Listening 1, 2 have been presented according to the level of difficulty, and practical and various listening materials are offered to help learners improve their communication skills. There are questions for learners to answer to confirm their listening skills and level of understanding.

말하기 Speaking

듣기 후 단계에서는 듣기의 주제 및 기능과 연계된 짧은 담화를 구성하게 하여 의사소통 능력을 향상하도록 하였다.

In the post-listening stage, it helps learners improve their communication skills by having them compose short discourses related to the topic and functions of listening.

읽기 Reading

'준비', '읽기 1·2'와 '말하기' 활동으로 구성된다.
This section is composed of Warm-up, Reading 1, 2, and Speaking.

준비 Warm-up

읽기 전 단계로, 읽을 내용을 예측할 수 있는 질문이나 사진, 삽화 등을 제시하여 학습자의 배경지식을 활성화한다.

As the pre-reading stage, learners' background knowledge is activated by presenting questions, photos, and illustrations that learners can predict what they will read.

읽기 Reading

읽기 단계는 목표 문법과 표현이 포함된 읽기 1과 2로 구성하되 난이도에 따라 제시하였다. 또한 학습자의 수준에 맞는 실제적이고 다양한 종류의 텍스트를 제시한다. 또한 읽은 내용을 확인하는 문제를 제시하여 학습자 스스로 이해도를 점검해 볼 수 있도록 하였다.

Reading 1, 2 include the target grammar and expressions that have been presented according to the level of difficulty. In addition, practical and diverse types of texts appropriate for learners' level are shown. There are questions so learners can confirm the content of what they read and check their own level of understanding.

말하기 Speaking

읽기 후 단계로, 읽기의 주제 및 기능과 연계된 담화를 구성해 보게 하였다. 또한 말하기 활동은 쓰기의 개요 구성으로 연결되어 쓰기와의 연계성을 높였다.

As the post-reading stage, learners will be able to speak about the topic and function of reading. Furthermore, speaking activities are connected to writing to increase their association.

문법과 표현 Grammar & Expression

학습자들이 문법과 표현을 참고할 수 있도록 별도로 구성된 책의 해당 페이지를 표시하였다.

For learners to refer to the grammar and expressions, the corresponding pages of the separately composed grammar explanation book are marked.

쓰기 Writing

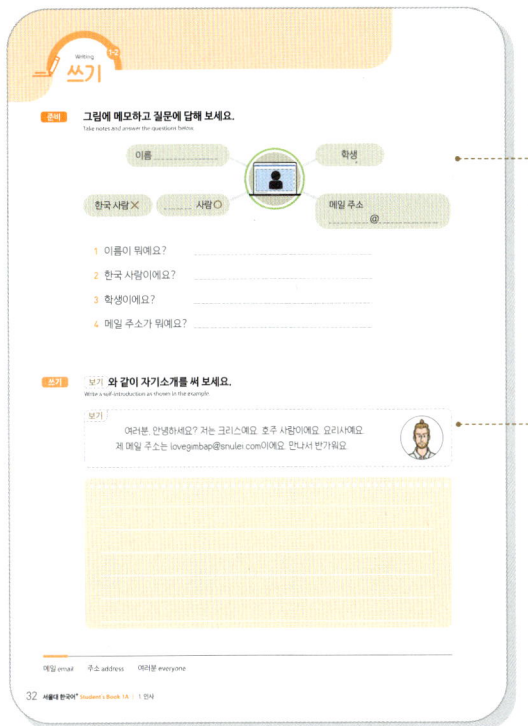

'준비'와 '쓰기' 활동으로 구성된다.

This section is composed of Warm-up and Writing.

준비 Warm-up

쓰기 전 단계로, 실제 쓸 내용에 대한 개요를 작성해 보거나 쓸 내용을 구성할 수 있도록 생각을 여는 질문을 제시한다.

As the pre-writing stage, questions are presented so learners can write an outline or summary before the actual writing tasks.

쓰기 Writing

준비 단계에서 작성한 개요를 바탕으로 과정 중심 글쓰기 활동이 이루어지도록 구성하였다. 읽기 텍스트와 유사한 종류의 글을 쓰도록 구성하여 학습자들의 담화 쓰기 능력을 향상하고자 하였다.

Based on the outline written in Warm-up, process-oriented writing activities are carried out. It is intended to improve learners' discourse writing ability by composing similar types to that of the reading text.

과제 Task

3~4단계의 문제 해결형 과제로 구성된다. 학습자 간의 상호 작용을 통해 해당 단원에서 학습한 주제 어휘와 목표 문법을 내재화하고 언어 사용의 유창성을 키운다.

This section is composed of 3-4 problem-solving tasks. Through interactions among classmates, learners can internalize the topic vocabulary and target grammar learned in the unit and increase their fluency in the language.

문화 Culture

단원의 주제와 관련 있는 한국 문화 내용을 그림이나 사진과 함께 간단한 텍스트로 제시하여 한국 문화에 대한 이해를 넓힐 수 있게 구성하였고 상호 문화적인 접근이 가능하도록 하였다.

The content of the Korean culture related to the topic of the unit is presented in simple text along with illustrations or pictures so that learners can broaden their understanding of the Korean culture. Furthermore, cross-cultural approaches are made possible.

발음 및 자기 평가 Pronunciation and Self-Check

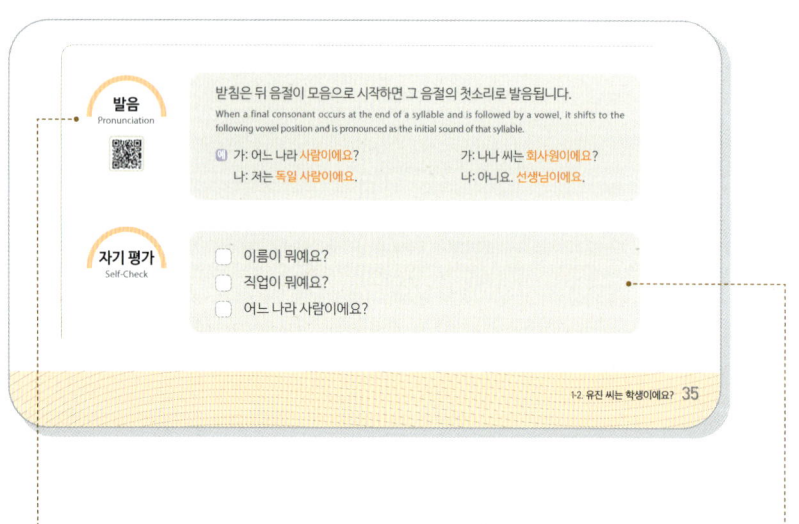

발음 Pronunciation

단원의 '말하기 3'과 관련 있는 음운 현상을 확인하고 대화 상황에서 연습하게 하였다.

Learners will verify the unit's Speaking 3 related phonological phenomenon and practice in a conversational situation.

자기 평가 Self-Check

단원에서 학습한 어휘와 문법을 사용하여 질문에 답함으로써 학습 목표를 달성하였는지를 학습자 스스로 확인해 보도록 구성하였다.

By answering questions using the vocabulary and grammar learned in the unit, learners can check whether or not the learning goal has been achieved.

차례 Table of Contents

머리말 Preface	• 2
일러두기 How to Use This Book	• 6
교재 구성표 Scope and Sequence	• 14
등장인물 Characters	• 18

1A

1단원	인사 Greetings	1-1. 저는 이유진이에요 I'm Yujin Lee	• 22
		1-2. 유진 씨는 학생이에요? Yujin, are you a student?	• 28
2단원	교실과 방 Classroom & Room	2-1. 이거는 시계예요 This is a clock	• 38
		2-2. 이 가방은 나나 씨 가방이에요 This is Nana's bag	• 44
3단원	가게 Store	3-1. 이 빵 하나 주세요 I would like this bread	• 54
		3-2. 집 앞에 편의점이 있어요 There's a convenience store in front of my house	• 60
4단원	일상생활 Everyday Life	4-1. 저는 한국어를 공부해요 I study Korean	• 70
		4-2. 오늘 회사에 가요 I'm going to work today	• 76
5단원	식당 Restaurant	5-1. 비빔밥하고 불고기가 맛있어요 The bibimbap and bulgogi are delicious	• 86
		5-2. 주스 세 병에 오천 원이에요 It's 5,000 won for 3 bottles of juice	• 92
6단원	날짜와 요일 Dates & Days of the Week	6-1. 토요일에 친구를 만나요 I'm meeting a friend on Saturday	• 102
		6-2. 친구들하고 밥을 먹을 거예요 I'm going to eat with friends	• 108
7단원	시간 Time	7-1. 보통 몇 시에 일어나요? What time do you usually get up?	• 118
		7-2. 어제 한강공원에 갔어요 I went to Hangang Park yesterday	• 124
8단원	날씨 Weather	8-1. 오늘 날씨가 어때요? How's the weather today?	• 134
		8-2. 토요일에는 비가 오고 조금 추워요 It's going to rain and will be a bit cold on Saturday	• 140

부록 Appendix	• 149

교재 구성표 Scope and Sequence

단원 제목 Unit Title		어휘 Vocabulary	기능별 활동 Skills
1. 인사 Greetings	1-1. 저는 이유진이에요 I'm Yujin Lee	나라와 국적 Country and nationality	**말하기 Speaking** • 인사하기 　Saying hello • 자기소개 하기 　Introducing yourself
	1-2. 유진 씨는 학생이에요? Yujin, are you a student?	직업 Occupation	**읽기 Reading** • 대화 메시지 읽기 　Conversational dialogue • 자기소개 하는 글 읽기 　Self-introduction passage
2. 교실과 방 Classroom & Room	2-1. 이거는 시계예요 This is a clock	교실과 물건 Classroom and items	**말하기 Speaking** • 교실에 있는 물건에 대해 묻고 답하기 　Classroom items Q&A
	2-2. 이 가방은 나나 씨 가방이에요 This is Nana's bag	장소와 물건 Place and items	**읽기 Reading** • 기숙사 소개하는 글 읽기 　Dorm introduction • 물건 소개하는 글 읽기 　Passage about items
3. 가게 Store	3-1. 이 빵 하나 주세요 I would like this bread	음식과 숫자 Food and number	**말하기 Speaking** • 가게에서 원하는 물건 요구하고 구입하기 　Requesting and buying items in the store
	3-2. 집 앞에 편의점이 있어요 There's a convenience store in front of my house	위치 Location	**읽기 Reading** • 에스엔에스(SNS) 글 읽기 　Social media posts • 대화 메시지 읽기 　Conversational dialogue
4. 일상생활 Everyday Life	4-1. 저는 한국어를 공부해요 I study Korean	동사 ① Verb ①	**말하기 Speaking** • 지금 하는 일 묻고 답하기 　What are you doing Q&A
	4-2. 오늘 회사에 가요 I'm going to work today	장소 Place	**읽기 Reading** • 일상생활 소개하는 글 읽기 　Introduction of everyday life

기능별 활동 Skills	문법과 표현 Grammar & Expression	과제 Task	문화 Culture	발음 Pronunciation
듣기 Listening • 국적에 대한 대화 듣기 Conversation about nationalities **쓰기 Writing** • 자기소개 쓰기 Self-introduction	• 명은/는 • 명이에요/예요 • 명이에요/예요? • 명이/가 아니에요	파티에서 자기소개 하기 Introducing yourself at a party	인사 방법, 호칭 How to greet, Appellation	연음 1 Linking 1
듣기 Listening • 물건에 대해 묻고 답하는 대화 듣기 Items Q&A **쓰기 Writing** • 방 소개하는 글 쓰기 Room introduction	• 이거는/그거는/저거는 명이에요/예요 • 명(의) 명 • 이/그/저 명 • 명이/가 있어요/없어요	방에 있는 물건 말하기 Talking about the objects in your room	와이파이 비밀번호 Wi-Fi password	'의'의 발음 Pronunciation of '의'
듣기 Listening • 물건 구입하는 대화 듣기 Conversation about buying items **쓰기 Writing** • 자주 가는 곳과 집 근처에 있는 곳에 대해 쓰기 Place you frequent and somewhere near your house	• 명하고 명 • 명 주세요 • 명에 있어요/없어요 • 명 앞/뒤/옆/위/아래	편의점 물건 위치 찾고 사기 Finding the location of an item in the convenience store and buying it	편의점에서 살 수 있는 것 Items you can buy at a convenience store	연음 2 Linking 2
듣기 Listening • 일상생활 대화 듣기 Conversation about everyday life **쓰기 Writing** • 하루 일과 쓰기 Day in the life	• 동-아요/어요 • 명을/를 • 명에 가다/오다 • 명에서	장소 설명하기 Describing a place	한국의 전통 그림 Korean traditional painting	연음 3 Linking 3

단원 제목 Unit Title		어휘 Vocabulary	기능별 활동 Skills
5. 식당 Restaurant	5-1. 비빔밥하고 불고기가 맛있어요 The bibimbap and bulgogi are delicious	음식, 형용사 ① Food, Adjective ①	말하기 Speaking • 음식과 장소에 대해 묻고 답하기 Food and location Q&A

	5-2.
	주스 세 병에 오천 원이에요
	It's 5,000 won for 3 bottles of juice
		개수와 가격
		Count and price
			읽기 Reading
			• 마트 광고 읽기
			  Supermarket ads
			• 식당 소개하는 글 읽기
			  Passage about a restaurant

6. 날짜와 요일 Dates & Days of the Week	6-1. 토요일에 친구를 만나요 I'm meeting a friend on Saturday	요일 Days of the week	말하기 Speaking • 일정 묻고 답하기 Schedules Q&A

	6-2.
	친구들하고 밥을 먹을 거예요
	I'm going to eat with friends
		날짜, 동사 ②
		Date, Verb ②
			읽기 Reading
			• 문자 메시지 읽기
			  Text messages
			• 주말 일과 소개하는 글 읽기
			  Passage about weekend routine

7. 시간 Time	7-1. 보통 몇 시에 일어나요? What time do you usually get up?	동사 ③, 부사 ① Verb ③, Adverb ①	말하기 Speaking • 일정과 시간 묻고 답하기 Schedules and time Q&A

	7-2.
	어제 한강공원에 갔어요
	I went to Hangang Park yesterday
		일상생활
		Everyday life
			읽기 Reading
			• 주말 일과에 대한 글 읽기
			  Weekend routine and diary
			• 일기 읽기
			  Diary

8. 날씨 Weather	8-1. 오늘 날씨가 어때요? How's the weather today?	날씨와 계절 Weather and seasons	말하기 Speaking • 날씨 묻고 답하기 Weather Q&A

	8-2.
	토요일에는 비가 오고 조금 추워요
	It's going to rain and will be a bit cold on Saturday
		형용사 ②
		Adjective ②
			읽기 Reading
			• 방학에 한 일에 대한 대화 메시지 읽기
			  Conversational messages about what you did over the break
			• 일기 읽기
			  Diary

기능별 활동 Skills	문법과 표현 Grammar & Expression	과제 Task	문화 Culture	발음 Pronunciation
듣기 Listening • 식당에서 주문하는 대화 듣기 Conversation about ordering food in the restaurant	• 명이/가 형-아요/어요 • 안 동형	식당에 가서 주문하기 Going to a restaurant and ordering	한국의 화폐 Korean currency	'ㅎ' 탈락 Silent 'ㅎ'
쓰기 Writing • 카페에서 먹은 음식 쓰기 Food you ate at a cafe	• 명 개/병/잔/그릇 • 가격			
듣기 Listening • 일정에 대한 대화 듣기 Conversation about schedules	• 명에 • 명도	계획 이야기하기 Talking about plans	문화가 있는 날 Culture Day	경음화 1 Glottalization 1
쓰기 Writing • 다음 주에 할 일 메모하고 쓰기 Things to do next week	• 동-(으)ㄹ 거예요 • 명만			
듣기 Listening • 일정과 시간에 대한 대화 듣기 Conversation about schedules and time • 일정 소개 듣기 Schedule introduction	• 시간 • 명부터 명까지	한 주를 돌아보고 제일 좋았던 일과 힘들었던 일 발표하기 Reflecting on your week and sharing the best and worst things	한국인의 주말(캠핑) Korean's weekend activities (camping)	경음화 2 Glottalization 2
쓰기 Writing • 주말에 한 일 쓰기 Things you did on the weekend	• 동-고 • 동형-았어요/었어요			
듣기 Listening • 날씨와 계절에 대한 대화 듣기 Conversation about the weather and season	• (같이) 동-아요/어요 • 동-(으)ㄹ까요?	계절 축제 계획하기 Planning a seasonal festival	계절 음식 Seasonal food	겹받침 Double final consonants
쓰기 Writing • 고향 날씨와 지금 계절에 하는 일 쓰기 Weather in your hometown and what you do during this season	• 'ㅂ' 불규칙 • 못 동			

닛쿤 — 태국, 연예인 연습생
이유진 — 한국, 회사원
하이 — 베트남, 회사원
아야나 — 말레이시아, 작가
안나 — 러시아, 화가
다니엘 — 미국, 대학원생
에릭 — 프랑스, 운동선수
자밀라 — 우즈베키스탄, 모델

1 인사 Greetings

1-1 저는 이유진이에요

1-2 유진 씨는 학생이에요?

1 이 사람들은 뭐 해요?
2 친구하고 인사하세요.

저는 이유진이에요
I'm Yujin Lee

나라

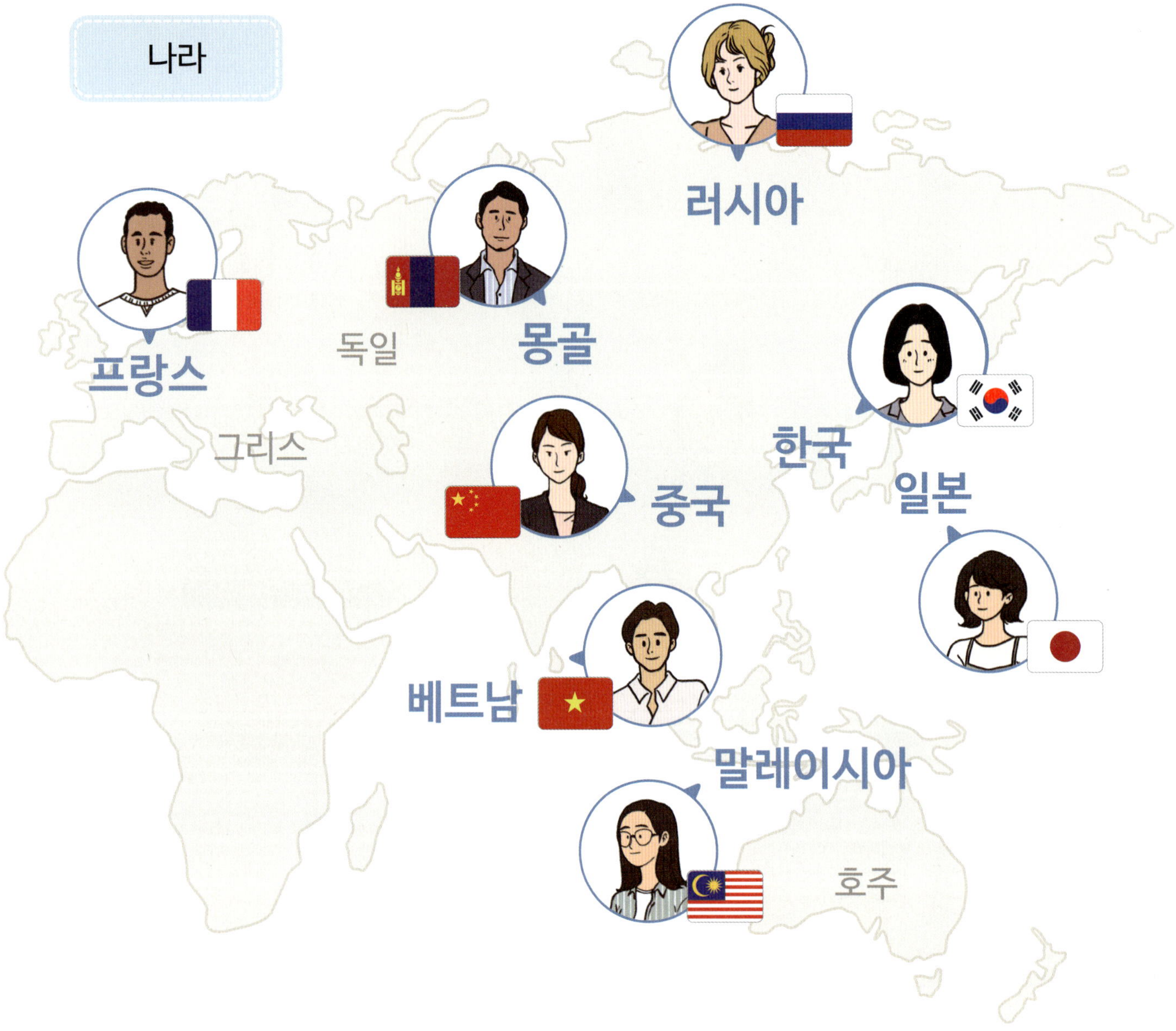

러시아

프랑스 독일 몽골

그리스

중국 한국 일본

베트남

말레이시아 호주

한국 Korea	미국 United States of America	중국 China
일본 Japan	프랑스 France	러시아 Russia
브라질 Brazil	말레이시아 Malaysia	몽골 Mongolia
베트남 Vietnam	나라 country	

이야기해 보세요

▶ 어느 나라 사람이에요?

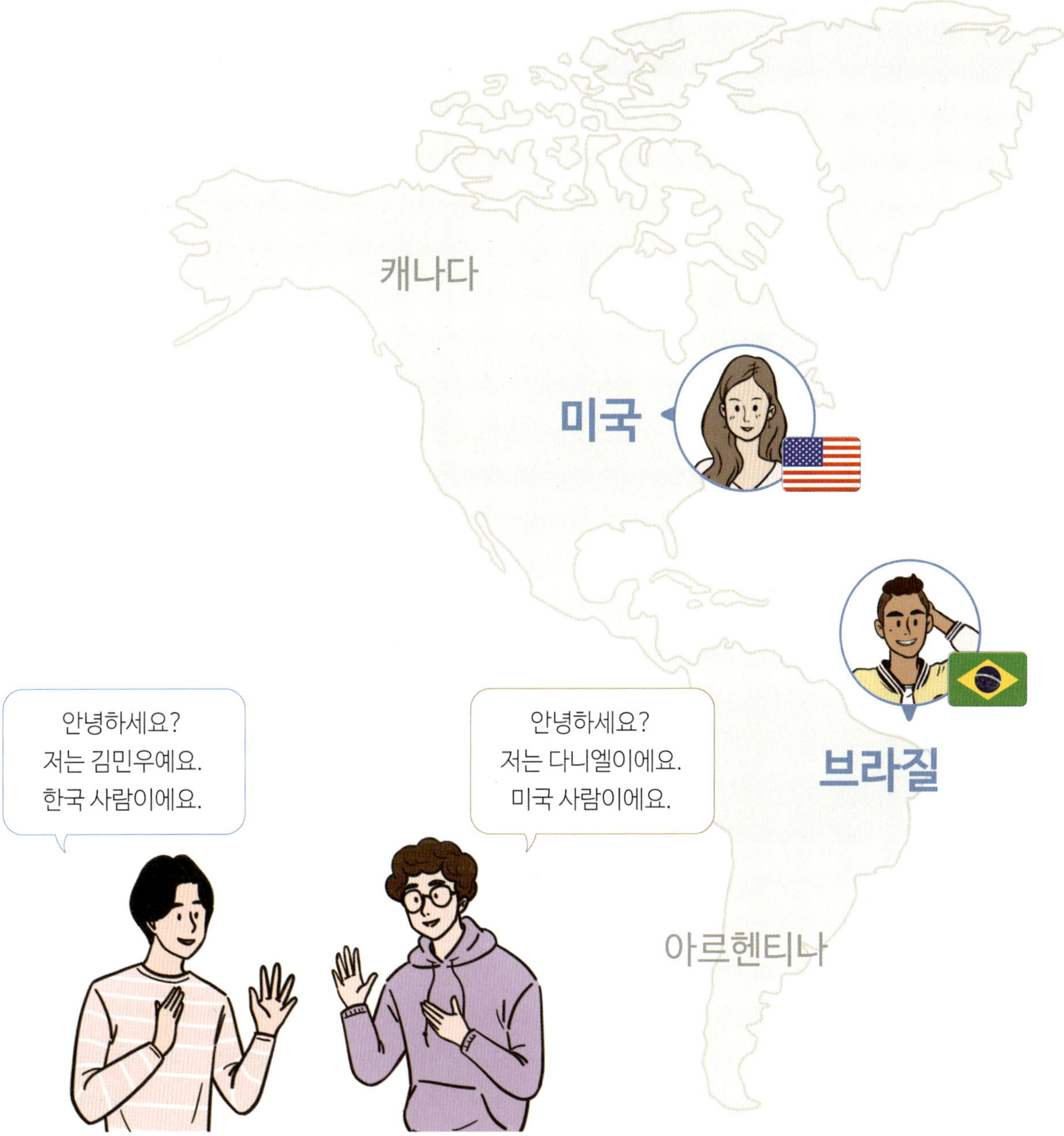

캐나다

미국

브라질

아르헨티나

안녕하세요?
저는 김민우예요.
한국 사람이에요.

안녕하세요?
저는 다니엘이에요.
미국 사람이에요.

한국 사람 Korean	미국 사람 American	중국 사람 Chinese
일본 사람 Japanese	프랑스 사람 French	러시아 사람 Russian
브라질 사람 Brazilian	말레이시아 사람 Malaysian	몽골 사람 Mongolian
베트남 사람 Vietnamese	사람 person	

Speaking 1-1

말하기 1 친구와 연습해 보세요.
Practice with your partner.

저는 이유진이에요.

저는 크리스예요.

1)
제니   닛쿤

2)
안나   테오

3)
소날   하이

말하기 2 친구와 연습해 보세요.
Practice with your partner.

가: 안녕하세요? 저는 **마리**예요.
나: 안녕하세요? 저는 **다니엘**이에요.
가: 만나서 반가워요, **다니엘** 씨.
나: 반가워요.

1)
엥흐   에릭

2)
김민우   나나

3)
닛쿤   자밀라

문법과 표현		
명 은/는		4쪽
명 이에요/예요		5쪽

저 I (formal)   안녕하세요 Hello   씨 Mr./Mrs./Ms./Miss   (만나서) 반가워요 Nice to meet you

말하기 3 친구와 이야기해 보세요.
Talk with your partner.

제니: 안녕하세요? 저는 제니예요.
에릭: 안녕하세요? 저는 에릭이에요.
제니: 만나서 반가워요, 에릭 씨.
에릭: 반가워요. 제니 씨는 어느 나라 사람이에요?
제니: 저는 미국 사람이에요.

> **발음**
> • 에릭이에요 [에리기에요]
> • 사람이에요 [사라미에요]

1)
안나, 러시아 / 하이, 베트남

2)
나나, 중국 / 김민우, 한국

3)
마리, 일본 / 테오, 브라질

어느 which

준비 **어느 나라 사람이에요?**
Which country are you from?

 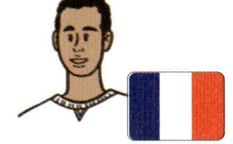  

듣기 1 **나나와 테오의 대화입니다. 잘 듣고 맞는 것을 연결하세요.**
Listen to the conversation between Nana and Theo, and match the person to the country.

1)
   나나

2)
   테오

- ① 중국 사람
- ② 미국 사람
- ③ 브라질 사람
- ④ 프랑스 사람

국적을 말할 때
When introducing your nationality

저는 미국 사람이에요.
I'm an American.

저는 미국에서 왔어요.
I'm from America.

친구와 이야기해 보세요.
Talk with your partner.

안녕하세요?
저는 <u>소날</u> 이에요.
만나서 반가워요.

저는 <u>인도</u> 에서 왔어요.

반가워요.
저는 _____이에요/예요.
_____ 씨는 어느 나라 사람이에요?

네 Yes   인도 India

준비 **우리 반 친구는 어느 나라 사람이에요?**
Which country are our classmates from?

안나 씨예요.
러시아 사람이에요.

크리스 씨예요.
크리스 씨는 호주 사람이에요.

듣기 2 **반 친구들의 대화입니다. 잘 듣고 맞는 것을 고르세요.**
This is a conversation among classmates. Listen carefully and choose the correct statement.

① 에릭은 일본 사람이에요.
② 닛쿤은 태국 사람이에요.
③ 마리는 프랑스 사람이에요.

자기소개를 해 보세요.
Introduce yourself.

안녕하세요?
저는 _____ 이에요/예요.
_____ 사람이에요. 만나서 반가워요.

친구 friend/classmate   호주 Australia   태국 Thailand

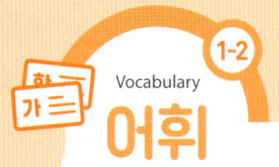

유진 씨는 학생이에요?
Yujin, are you a student?

선생님 · 학생

기자

의사

배우

대학생

선생님 teacher 학생 student 기자 reporter
의사 doctor 배우 actor/actress 대학생 college student

이야기해 보세요

▶ 직업이 뭐예요?

회사원

가수

프로그래머

요리사

안녕하세요?
저는 제니예요.
미국 사람이에요.
학생이에요.

안녕하세요?
저는 에릭이에요.
프랑스 사람이에요.
운동선수예요.

운동선수

회사원 office worker   가수 singer   프로그래머 programmer
요리사 chef   운동선수 athlete

읽기 1-2

준비 어느 나라 사람이에요?
Which country are you from?

읽기 1 자밀라와 하이의 대화입니다. 잘 읽고 맞는 것을 고르세요.
This is a conversation between Jamila and Hai. Read carefully and choose the correct statement.

자밀라: 안녕하세요? 하이 씨.
하이: 안녕하세요? 자밀라 씨.
자밀라: 하이 씨는 어느 나라 **사람이에요?**
하이: 저는 베트남 사람이에요.
자밀라: 운동선수예요?
하이: 아니요. **운동선수가 아니에요.** 저는 회사원이에요.

① 하이는 운동선수예요.
② 하이는 회사원이에요.

읽기 2 다니엘의 이야기입니다. 잘 읽고 맞는 것을 고르세요.
This is a passage about Daniel. Read carefully and choose the correct statement.

저는 다니엘이에요. 미국 사람이에요. 저는 대학원생이에요. 테오 씨는 제 룸메이트예요. 테오 씨는 **미국 사람이 아니에요.** 브라질 사람이에요. 대학생이에요.

① 테오는 대학생이 아니에요.
② 다니엘은 브라질 사람이에요.
③ 테오는 다니엘 룸메이트예요.

친구와 이야기해 보세요.
Talk with your classmates and fill in the boxes.

안녕하세요? 저는 나나예요. 이름이 뭐예요?

반가워요. 에릭 씨는 어느 나라 사람이에요?

저는 중국에서 왔어요.

저는 에릭이에요. 만나서 반가워요.

저는 프랑스 사람이에요. 나나 씨는요?

	친구 1	친구 2
이름이 뭐예요?		
어느 나라 사람이에요?		
직업이 뭐예요?		

문법과 표현
명 이에요/예요? ☞ 6쪽
명 이/가 아니에요 ☞ 7쪽

아니요 No   대학원생 grad(uate) student   제 my (formal)   룸메이트 roommate   이름 name   뭐 what   직업 occupation

Writing 쓰기 1-2

준비 그림에 메모하고 질문에 답해 보세요.
Take notes and answer the questions below.

- 이름 _____
- 학생
- 한국 사람 ✗
- _____ 사람 ○
- 메일 주소 _____@_____

1 이름이 뭐예요? _____
2 한국 사람이에요? _____
3 학생이에요? _____
4 메일 주소가 뭐예요? _____

쓰기 보기 와 같이 자기소개를 써 보세요.
Write a self-introduction as shown in the example.

보기
여러분, 안녕하세요? 저는 크리스예요. 호주 사람이에요. 요리사예요. 제 메일 주소는 lovegimbap@snulei.com이에요. 만나서 반가워요.

메일 email   주소 address   여러분 everyone

과제
Task

 자기소개를 해 보세요.
Introduce yourself.

활동지
150쪽

1 친구들과 파티를 해요. 먼저 카드를 고르세요.
You are at a party with classmates. First, pick a card.

2 카드를 뽑아서 자기소개를 해 보세요.
Introduce yourself using the information on the selected card.

안녕하세요? 저는 나나예요.
중국 사람이에요. 저는 선생님이에요.
만나서 반가워요.

3 여러분의 이름, 국적, 직업을 써 보세요.
Write your name, nationality, and occupation.

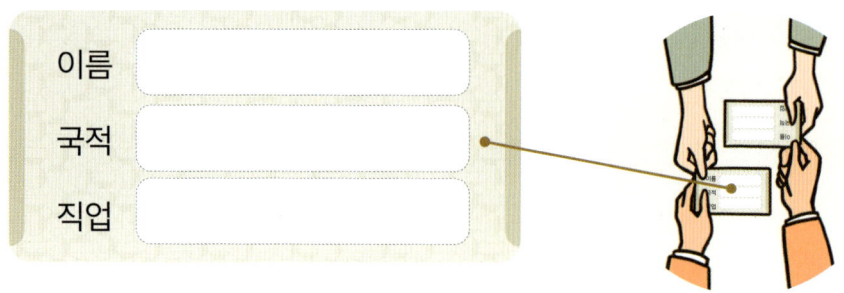

- 이름
- 국적
- 직업

4 친구를 만나서 자기소개를 해 보세요.
Introduce yourself to your classmates.

> 안녕하세요? 만나서 반가워요.
> 저는 크리스예요.

> 만나서 반가워요. 저는 테오예요.
> 크리스 씨는 어느 나라 사람이에요?

> 저는 호주 사람이에요.
> 테오 씨는 어느 나라 사람이에요?

> 저는 브라질 사람이에요.
> 크리스 씨는 학생이에요?

> 아니요. 학생이 아니에요.
> 요리사예요. 테오 씨는 학생이에요?

> 네. 저는 학생이에요.

5 친구의 이야기를 듣고 메모해 보세요.
Listen to your classmate's introduction and fill in the blanks.

이름	국적	직업

여러분 나라에서는 어떻게 인사해요?

한국 사람들은 처음 만나면 허리를 굽히고 인사해요.
여러분 나라에서는 어떻게 인사해요? 친구하고 인사해 보세요.

 **발음** Pronunciation

받침은 뒤 음절이 모음으로 시작하면 그 음절의 첫소리로 발음됩니다.
When a final consonant occurs at the end of a syllable and is followed by a vowel, it shifts to the following vowel position and is pronounced as the initial sound of that syllable.

 가: 어느 나라 **사람이에요**?   가: 나나 씨는 **회사원이에요**?
나: 저는 **독일 사람이에요**.   나: 아니요. **선생님이에요**.

 **자기 평가** Self-Check

☐ 이름이 뭐예요?
☐ 직업이 뭐예요?
☐ 어느 나라 사람이에요?

2

교실과 방 Classroom & Room

2-1 이거는 시계예요
2-2 이 가방은 나나 씨 가방이에요

1 여기는 어디예요?
2 이거는 한국어로 뭐예요?

이거는 시계예요
This is a clock

교실

[그림: 교실 - 창문, 컴퓨터, 시계, 책상, 의자]

교실 classroom   창문 window   컴퓨터 computer   책상 desk
시계 clock   의자 chair

이야기해 보세요
▶ 이거는 뭐예요?

가방

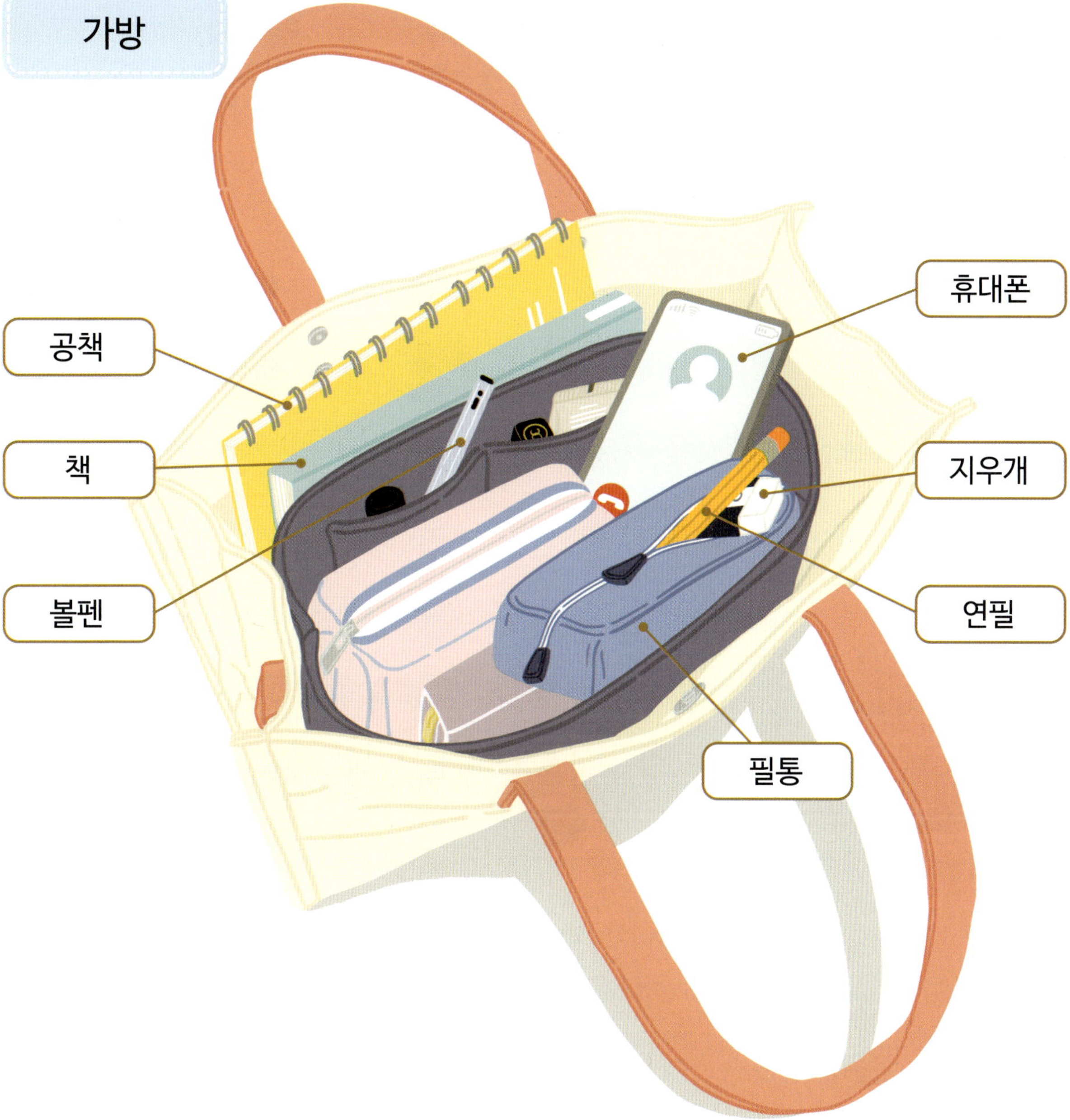

공책
책
볼펜
휴대폰
지우개
연필
필통

가방 bag 공책 notebook 휴대폰 cell phone 책 book
지우개 eraser 볼펜 ballpoint pen 필통 pencil case 연필 pencil

 Speaking 2-1

말하기 1 친구와 연습해 보세요.
Practice with your partner.

가: 이거는 뭐예요?
나: 한국어 책이에요.

1)
2)
3)

말하기 2 친구와 연습해 보세요.
Practice with your partner.

가: 이거는 제니 씨의 가방이에요?
나: 네. 제 가방이에요.
가: 저거는 누구의 책이에요?
나: 줄리앙 씨의 책이에요.

1)
| 책 |
| 공책 |
| 에릭 씨 |

2)
| 볼펜 |
| 휴대폰 |
| 하이 씨 |

3)
| 컴퓨터 |
| 필통 |
| 나나 씨 |

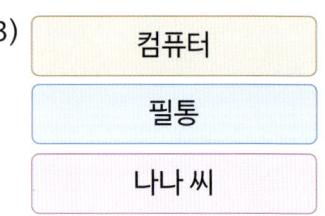

문법과 표현
이거는/그거는/저거는 명 이에요/예요 ☞ 8쪽
명 (의) 명 ☞ 9쪽

한국어 Korean (language)   누구 who

말하기 3 친구와 이야기해 보세요.
Talk with your partner.

선생님: 이거는 누구의 공책이에요?
다니엘: 제 공책이에요.
선생님: 이거는 나나 씨의 볼펜이에요?
나 나: 아니요. 제 볼펜이 아니에요.
다니엘: 선생님, 그거는 제 볼펜이에요.

발음
- 누구의 [누구에]
- 나나 씨의 [나나 씨에]

1)

이거, 필통
이거, 나나 씨, 연필

2)

준비 이거는 한국어로 뭐예요?
What's this in Korean?

시계   가방   연필   휴대폰

듣기 1 여기는 가게입니다. 잘 듣고 연결하세요.
This is a store. Listen carefully and match accordingly.

①
②
③

 친구와 이야기해 보세요.
Talk with your partner.

한국어로 in Korean   중국어로 in Chinese

준비 이거는 누구의 물건이에요?
Whose item is this?

듣기 2 에릭과 선생님의 대화입니다. 잘 듣고 맞으면 ○, 틀리면 × 하세요.
This is a conversation between Eric and the teacher. Listen carefully and write ○ for true and × for false.

1) 이거는 선생님의 공책이에요. (   )

2) 저거는 에릭 씨의 공책이에요. (   )

 여기는 교실이에요. 뭐가 있어요? 누구의 물건이에요?
This is a classroom. What is in here? Whose items are they?

이거는 책상이에요.
저거는 _____ 씨의 가방이에요.
저거는 _____ 씨의 공책이 아니에요.

그럼 then

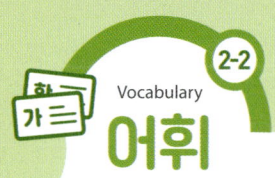

이 가방은 나나 씨 가방이에요
This is Nana's bag

집 house   화장실 bathroom   부엌 kitchen   방 room

이야기해 보세요

▶ 집에 뭐가 있어요?

 침대 bed 노트북 laptop 세탁기 washing machine
냉장고 refrigerator 텔레비전 television (TV) 에어컨 air conditioner (AC)

 Reading 2-2

읽기

준비 방에 뭐가 있어요?
What's in the room?

읽기 1 다니엘의 비디오입니다. 잘 읽고 질문에 답해 보세요.
This is Daniel's video. Read carefully and answer the questions.

제목:

저는 다니엘이에요.
서울대학교 학생이에요.

우리 학교 기숙사예요.

화장실, 부엌, 방이 있어요.

제 방이에요.
책상, 의자, 침대가 있어요.

옷걸이가 없어요.

1 이 비디오의 제목이 뭐예요?

① 저는 학생이에요.
② 서울대학교 기숙사예요.

2 맞으면 ○, 틀리면 × 하세요.

1) 책상, 의자, 옷걸이가 있어요.　　(　　)

2) 다니엘은 서울대학교 학생이에요.　(　　)

| 문법과 표현 | 이/그/저 명 | ☞ 10쪽 |
| 명 이/가 있어요/없어요 | ☞ 11쪽 |

서울대학교 Seoul National University　　학교 school　　기숙사 dorm(itory)　　옷걸이 hanger

읽기 2 아야나의 이야기입니다. 잘 읽고 알맞은 것을 연결하세요.
This is a passage about Ayana. Read carefully and match the item with the owner.

이거는 제 가방이에요.
한국어 책, 공책, **필통이 있어요**.
이 지우개는 제 지우개가 아니에요.
크리스 씨의 지우개예요.

1) 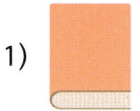 • • ① 아야나

2)  • • ② 크리스

친구의 책상에 뭐가 있어요? 뭐가 없어요?
What's on your partner's desk? What's not on the desk?

볼펜이 있어요?

아니요. 볼펜이 없어요.
연필이 있어요.

아, 이 볼펜은
친구의 볼펜이에요.

네. 있어요.
.... 씨는 볼펜이 있어요?

그럼 그 볼펜은
누구의 볼펜이에요?

2-2. 이 가방은 나나 씨 가방이에요

Writing 2-2

준비 **여러분 방에 뭐가 있어요? 모두 써 보세요.**
What's in your room? Write everything down.

| 침대 | 책상 | 의자 | 컴퓨터 | | | |

보기 제 방이에요. 침대가 있어요.

1) _____
2) _____
3) _____

쓰기 **메모를 보고 보기 와 같이 여러분의 방을 소개해 보세요.**
Look at your notes and describe your room as in the example.

보기 여기는 우리 집이에요.
이 방은 제 방이에요. 침대, 책상, 의자, 컴퓨터가 있어요.
그리고 저기는 부엌이에요. 냉장고가 있어요.

여기 here 우리 our 저기 there

 방에 뭐가 있어요?
What's in your room?

1 그림을 보고 친구와 이야기해 보세요.
Look at the picture and practice with your partner.

그림 A

	인터뷰 질문	그림 B
1	소파가 있어요?	×
2	침대가 있어요?	
3	책상이 있어요?	
4	의자가 있어요?	
5	시계가 있어요?	
6	거울이 있어요?	
7	노트북이 있어요?	
8	_____?	

소파 sofa   거울 mirror

2 여러분 방에 뭐가 있어요? ☑ 하고 방을 그려 보세요.
What's in your room? Check all the items you have and draw your room.

- ☐ 소파
- ☐ 침대
- ☐ 거울
- ☐ 노트북
- ☐ 에어컨
- ☐ 냉장고
- ☐ 텔레비전
- ☐ 세탁기
- ☐ 책상
- ☐ 의자
- ☐ 옷걸이
- ☐ 와이파이

제 방이에요.

3 친구의 방에 뭐가 있어요? 친구하고 이야기해 보세요.
What's in your partner's room? Talk with your partner.

이 방은 제 방이에요.
침대가 있어요. 책상이 있어요.
텔레비전이 없어요.

아니요. 없어요.
이 노트북은 친구의 노트북이에요.

노트북이 있어요?

와이파이 Wi-Fi

와이파이 비밀번호가 뭐예요?

한국의 버스, 지하철에는 무료 와이파이(Wi-Fi)가 있어요. 카페에도 와이파이가 있어요. 와이파이 아이디, 비밀번호를 모르면 "와이파이 아이디가 뭐예요?", "와이파이 비밀번호가 뭐예요?"라고 물어보세요.

발음 (Pronunciation)

명사와 명사 사이에 '의'는 [에]로 발음됩니다.
'의' in between two nouns is pronounced as [에].

예) 가: 이거는 **누구의** 책이에요?　　　가: 이 필통은 **에릭 씨의** 필통이에요?
　　나: **나나 씨의** 책이에요.　　　　　나: 네. 제 필통이에요.

자기 평가 (Self-Check)

☐ 이거는 뭐예요?
☐ 지우개가 있어요?
☐ 그 책은 누구 책이에요?

3

가게 Store

- **3-1** 이 빵 하나 주세요
- **3-2** 집 앞에 편의점이 있어요

1 여기는 어디예요?
2 여기에 뭐가 있어요?

3-1 Vocabulary 어휘

이 빵 하나 주세요

I would like this bread

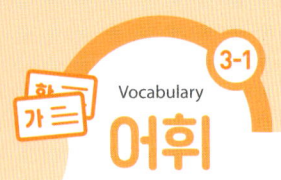

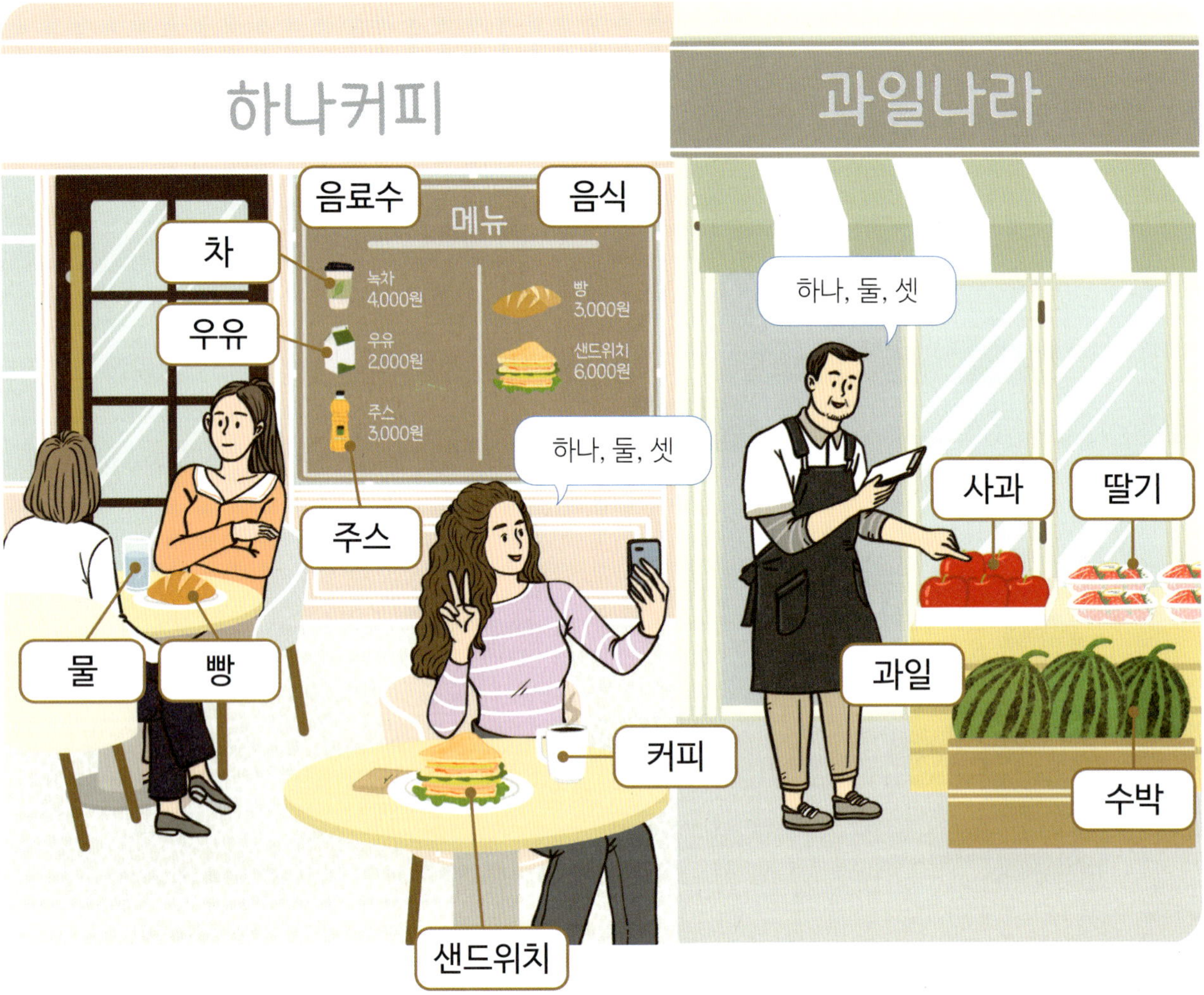

음식 food	빵 bread	샌드위치 sandwich	과일 fruit	사과 apple
딸기 strawberry	수박 watermelon	음료수 drink	물 water	우유 milk
커피 coffee	차 tea	주스 juice		

이야기해 보세요

▶ 과일 가게에 뭐가 있어요?
▶ 한국어로 숫자(1~10)를 말해 보세요.

하나

둘

셋

넷

다섯

여섯

일곱

여덟

아홉

열

1	2	3	4	5	6	7	8	9	10
하나	둘	셋	넷	다섯	여섯	일곱	여덟	아홉	열
one	two	three	four	five	six	seven	eight	nine	ten

Speaking 3-1

말하기 1 **친구와 연습해 보세요.**
Practice with your partner.

가: 어서 오세요.
나: 케이크가 있어요?
가: 네. 있어요. 딸기 케이크하고 초콜릿 케이크가 있어요.

1) 우유

2) 과일

3) 주스

말하기 2 **친구와 연습해 보세요.**
Practice with your partner.

가: 이거는 뭐예요?
나: 초콜릿 빵이에요.
가: 이 빵 하나 주세요.
나: 네. 여기 있어요.

1) 샌드위치
이 샌드위치 (1)

2) 딸기 빙수
이거 (2)

3) 녹차 아이스크림
이거 (1) + 커피 (2)

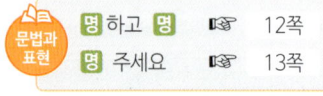

문법과 표현: 명 하고 명 ☞ 12쪽 / 명 주세요 ☞ 13쪽

어서 오세요 Welcome   케이크 cake   초콜릿 chocolate   빙수 shaved ice   녹차 green tea   아이스크림 ice cream

말하기 3 친구와 이야기해 보세요.
Talk with your partner.

점원: 어서 오세요.
닛쿤: 주스가 있어요?
점원: 네. 오렌지 주스하고 딸기 주스가 있어요.
닛쿤: 그럼 오렌지 주스 주세요.
점원: 여기 있어요.

발음
• 있어요 [이써요]

1)
과일
사과, 키위, 딸기

2)

3)

오렌지 orange   여기 있어요 Here you go   키위 kiwi   햄 ham

Listening 듣기 3-1

준비 알맞은 것을 연결하세요.
Match the word with the correct pictures.

과일　•

음료수　•

음식　•

듣기 1 여기는 빙수 가게입니다. 잘 듣고 맞으면 ○, 틀리면 × 하세요.
This is a shaved ice store. Listen carefully and write ○ for true and × for false.

1) 키위 빙수가 있어요. 　　　　　　　　　(　　)
2) 딸기 빙수하고 망고 빙수가 없어요. 　(　　)

가게에서 직원을 부를 때
When calling wait staff at the store

저기요. / 여기요.
Excuse me?

이야기해 보세요.
Talk with your partner.

어서 오세요.
네. 있어요.
딸기 주스가 있어요?
딸기 주스 하나 주세요.

가게 store　　망고 mango

준비 문구점에 뭐가 있어요?
What items are sold at the stationery store?

듣기 2 여기는 학교 문구점입니다. 잘 듣고 맞는 것을 고르세요.
This is the school's stationery store. Listen carefully and choose the correct picture.

여기는 과일 가게입니다. 뭐가 있어요? 이야기해 보세요.
This is a fruit store. What's there? Talk with your partner.

어디 where   문구점 stationery store

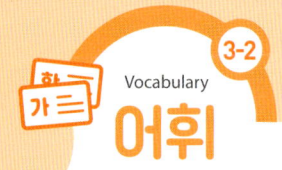

집 앞에 편의점이 있어요
There's a convenience store in front of my house

여기 here   저기 (over) there   거기 there

이야기해 보세요

▶ 교실 안에 뭐가 있어요?
▶ 휴대폰이 어디에 있어요?

 앞

 뒤

 옆

 위

 아래(밑)

 안

 밖

앞 front   뒤 back   옆 next   위 top   아래(밑) bottom
안 inside   밖 outside

Reading 3-2 읽기

준비 집이 어디에 있어요?
Where is the house?

과일 가게

카페

편의점

읽기 1 다니엘의 에스엔에스(SNS)입니다. 잘 읽고 질문에 답해 보세요.
This is Daniel's social media account. Read carefully and answer the questions.

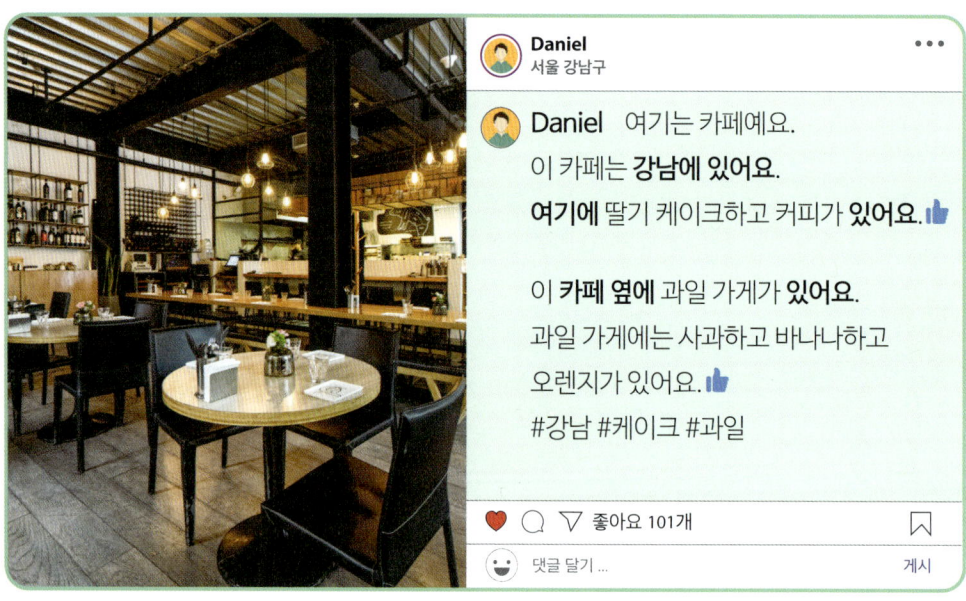

1 과일 가게가 어디에 있어요?

①  ②  ③

2 맞으면 ○, 틀리면 × 하세요.

  1) 강남에 카페가 있어요.   (   )

  2) 카페에 바나나 케이크가 있어요.   (   )

카페 cafe   편의점 convenience store   서울 Seoul   강남 Gangnam   바나나 banana   안경 (eye)glasses

읽기 2 하이의 안경이 어디에 있어요? 잘 읽고 맞는 그림을 고르세요.
Where are Hai's eyeglasses? Read carefully and select the correct picture.

하이: 아야나 씨, 지금 교실에 있어요?
아야나: 네. 교실에 있어요.
하이: 교실에 제 안경이 있어요?
아야나: 아, 책상 위에 안경이 하나 있어요.

① ② ③

방 안에 뭐가 있어요? 친구의 이야기를 듣고 그리세요.
What's in the room? Listen to your partner's description of the room and draw it.

- 방에 뭐가 있어요?
- 침대하고 책상하고 의자가 있어요.
- 책상이 어디에 있어요?
- 침대 옆에 있어요.
- 책상 위에 뭐가 있어요?
- 한국어 책하고 공책이 있어요.

_____ 씨의 방

문법과 표현
- 명 에 있어요/없어요 ☞ 14쪽
- 명 앞/뒤/옆/위/아래 ☞ 15쪽

준비 여러분은 어디에 자주 가요? 거기에 뭐가 있어요? 보기 와 같이 써 보세요.
Where do you often go? What's there? Describe the items at the places as shown in the example.

1) _____
2) _____
3) _____

쓰기 여러분 집 옆/뒤/앞에 뭐가 있어요? 보기 와 같이 써 보세요.
Describe what is next to/in back of/in front of your house as shown in the example.

💬 **편의점에서 물건을 사 보세요.**
Buy items at the convenience store.

1 여기는 편의점이에요. 물건이 어디에 있어요? 카드를 보고 친구와 이야기해 보세요.
This is a convenience store. Where are the items? Look at the card and talk with your partner.

지우개가 어디에 있어요?

볼펜 옆에 있어요.

Task 과제

2 그림을 보고 점원과 손님이 되어 이야기해 보세요.
Look at the picture below and role-play as the clerk and customer with your partner.

- 지우개가 있어요?
- 네. 있어요.
- 어디에 있어요?
- 볼펜 옆에 있어요.
- 연필이 있어요?
- 아니요. 없어요.
- 그럼 콜라가 있어요?
- 네. 저기 냉장고 안에 있어요.
- 지우개하고 콜라 주세요.
- 네.

3 뭐가 있어요? 뭘 샀어요? 표시해 보세요.
What is there? What did you buy? Check the items.

- ☐ 초콜릿
- ☐ 사과
- ☐ 물
- ☐ 연필
- ☐ 아이스크림
- ☐ 딸기
- ☐ 우유
- ☐ 공책
- ☐ 빵
- ☐ 오렌지
- ☐ 커피
- ☐ 볼펜
- ☐ 샌드위치
- ☐ 바나나
- ☐ 콜라
- ☐ 지우개

문화 / Culture

● 편의점에 뭐가 있어요?

여기는 편의점이에요. 한국의 편의점은 보통 24시간 열어요.
편의점에 음료수하고 먹을 것이 있어요. 그리고 볼펜하고 우산이 있어요.

뭐가 있어요?

교통 카드 삼각김밥 우산 쓰레기봉투 볼펜 도시락

발음 / Pronunciation

'있어요'는 [이써요]로, '없어요'는 [업써요]로 발음합니다.
'있어요' is pronounced as [이써요], and '없어요' is pronounced as [업써요].

예) 가: 사과가 어디에 있어요?　　　　　가: 집 옆에 가게가 있어요?
　　나: 저기에 있어요.　　　　　　　　나: 아니요, 없어요.

자기 평가 / Self-Check

☐ 방에 컴퓨터가 있어요?
☐ 가방 안에 뭐가 있어요?
☐ 휴대폰이 어디에 있어요?

4 일상생활 Everyday Life

- **4-1** 저는 한국어를 공부해요
- **4-2** 오늘 회사에 가요

1 이 사람들은 지금 뭐 해요?
2 여러분은 어디에서 공부해요?

4-1 Vocabulary 어휘

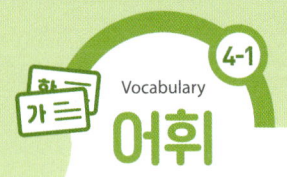

저는 한국어를 공부해요

I study Korean

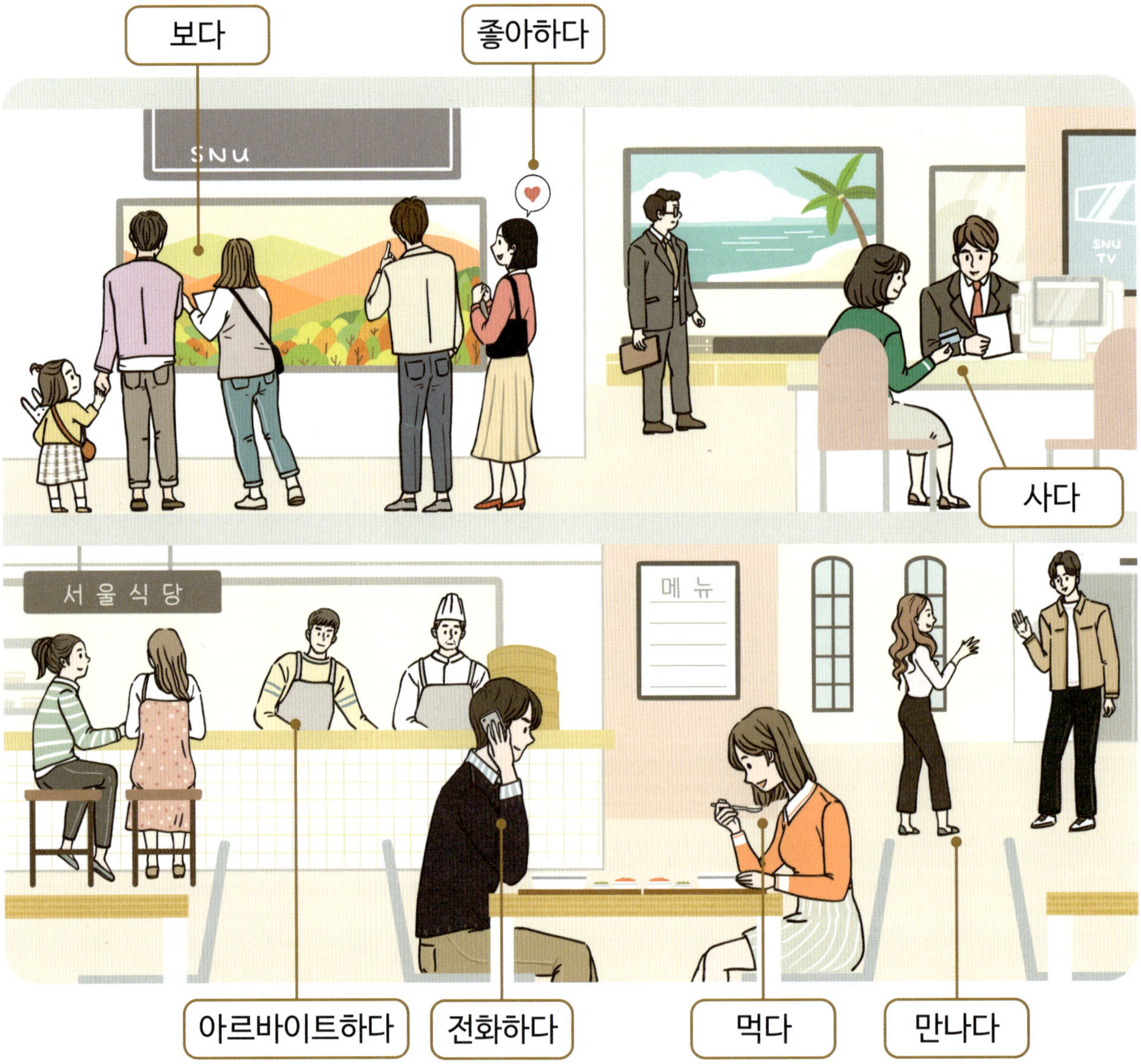

보다 to see/look	좋아하다 to like	사다 to buy	아르바이트하다 to work part-time
전화하다 to call	먹다 to eat	만나다 to meet	

이야기해 보세요

▶ 지금 뭐 해요?

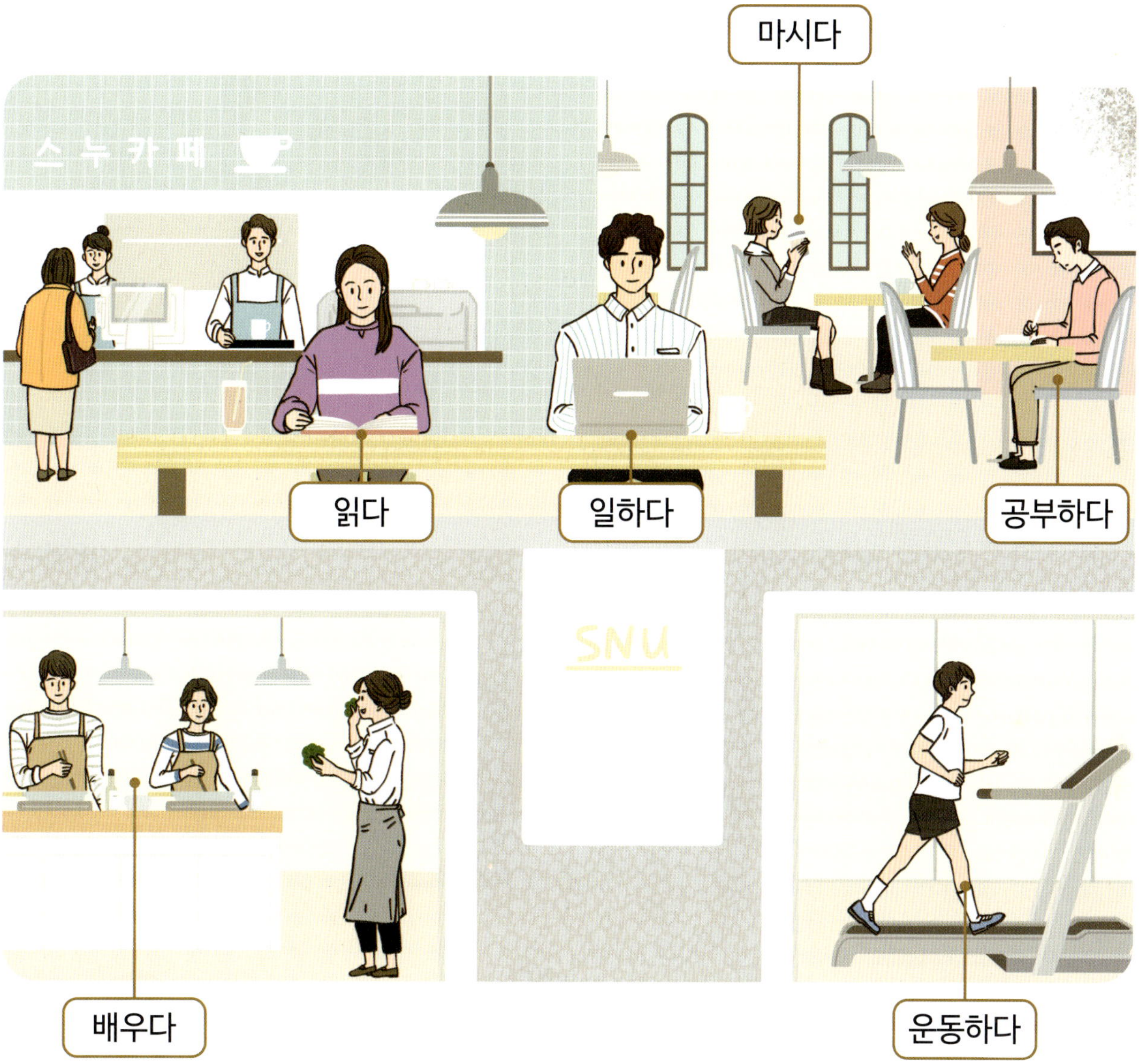

마시다

읽다   일하다   공부하다

배우다   운동하다

읽다 to read   일하다 to work   마시다 to drink   공부하다 to study
배우다 to learn   운동하다 to exercise

말하기 1 친구와 연습해 보세요.
Practice with your partner.

가: 제니 씨는 지금 뭐 해요?
나: 공부해요. 테오 씨는 뭐 해요?
가: 테오 씨는 커피를 마셔요.

1) 전화하다 / 주스, 마시다
2) 자다 / 휴대폰, 보다
3) 일하다 / 샌드위치, 먹다

말하기 2 친구와 연습해 보세요.
Practice with your partner.

가: 다니엘 씨, 지금 어디에 있어요?
나: 집에 있어요.
가: 뭐 해요?
나: 밥을 먹어요.

1)
2)
3)

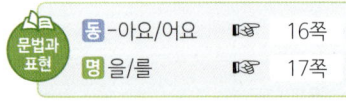

문법과 표현
동 -아요/어요 ☞ 16쪽
명 을/를 ☞ 17쪽

지금 now   자다 to sleep

말하기 3 친구와 이야기해 보세요.
Talk with your partner.

안나: 에릭 씨, 지금 집에 있어요?
에릭: 아니요. 저는 카페에 있어요.
안나: 친구를 만나요?
에릭: 네. 친구하고 커피를 마셔요. 안나 씨는 뭐 해요?
안나: 저는 집에 있어요. 책을 읽어요.

발음
- 집에 [지베]
- 책을 [채글]
- 읽어요 [일거요]

1)

빵집	집
케이크, 먹다	차, 마시다

2)

3)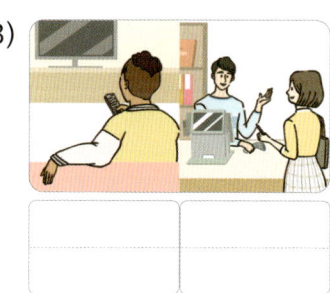

하고 with   빵집 bakery

준비 **오늘 뭐 해요?**
What are you doing today?

듣기 1 **민우와 제니의 대화입니다. 잘 듣고 맞으면 ○, 틀리면 × 하세요.**
This is a conversation between Minwoo and Jenny. Listen carefully and write ○ for true and × for false.

1) 여자는 지금 커피를 사요.　　（　　）

2) 남자는 지금 집에 없어요.　　（　　）

 여기에서 뭐를 사요?
What do you buy here?

준비 　**학교에서 뭐 해요?**
What are you doing at school?

듣기 2 　**테오와 아야나의 대화입니다. 잘 듣고 맞는 것을 고르세요.**
This is a conversation between Theo and Ayana. Listen carefully and choose the correct statement.

① 남자는 학교에 있어요.
② 여자는 지금 숙제해요.
③ 여자는 유진의 집에 있어요.

매일 뭐 해요? ☑ **하고 친구하고 이야기해 보세요.**
What do you do every day? Place a check mark in the box and talk with your partner.

숙제하다 to do homework　　같이 together　　요리 cooking　　오늘 today

4-1. 저는 한국어를 공부해요　75

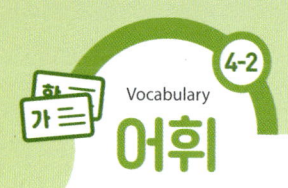

4-2 오늘 회사에 가요
I'm going to work today

학교　　　　　도서관

병원　　약국

우체국

식당　　　　영화관

학교 school　　　병원 hospital　　　약국 pharmacy　　　도서관 library
식당 restaurant　　우체국 post office　　영화관 movie theater

이야기해 보세요

▶ 도서관에서 뭐 해요?
▶ 오늘 어디에 가요?

- 서점
- 공원
- 회사
- 백화점
- 은행
- 스포츠 센터
- 시장

서점 bookstore	공원 park	백화점 department store	회사 company
은행 bank	스포츠 센터 sports center	시장 market	

읽기 (Reading 4-2)

준비 이 사람은 어디에 가요? 알맞은 것을 연결하세요.
Where is this person going? Match the sentences that go together.

 "집에 사과가 없어요. 여기에서 사과를 사요."

 "저는 의사예요. 여기에서 일해요."

 "저는 학생이에요. 여기에서 한국어를 배워요."

학교에 가요.   시장에 가요.   병원에 가요.

읽기 1 아야나의 이야기입니다. 잘 읽고 맞으면 ○, 틀리면 × 하세요.
This is a passage about Ayana. Read carefully and write ○ for true and × for false.

> 저는 **서울대학교에서** 한국어를 배워요.
> 매일 **학교에 가요.**
> 그리고 우리 반 친구들하고 같이 학생 **식당에 가요.**
> **거기에서** 밥을 먹어요.
> 학생 식당 옆에는 도서관이 있어요.
> 우리는 **도서관에서** 숙제해요.

1) 아야나는 학생 식당에서 밥을 먹어요.   (   )
2) 아야나는 도서관에서 한국어를 배워요.   (   )

| 문법과 표현 | 명에 가다/오다 ☞ 18쪽 |
| | 명에서 ☞ 19쪽 |

가다 to go   매일 every day   그리고 and   반 class   들 -s/-es/-ies (plural)   우리 we

읽기 2 크리스는 오늘 뭐 해요? 잘 읽고 맞는 것을 고르세요.
What is Chris doing today? Read carefully and choose the correct statement.

오늘 친구가 우리 **집에 와요**.
저는 친구하고 같이 **명동에 가요**.
명동에는 식당이 많이 있어요.
우리는 **식당에서** 한국 음식을 먹어요.
그리고 **영화관에 가요**.
영화관은 식당 옆에 있어요.
우리는 **영화관에서** 영화를 봐요.

① 크리스는 한국 영화를 봐요.
② 크리스는 친구의 집에 가요.
③ 크리스는 친구하고 같이 밥을 먹어요.

 이야기해 보세요.
Talk with your partner.

| 내일 어디에 가요? | 거기에서 뭐 해요? |

공원   식당   회사   백화점   영화관

오다 to come   명동 Myeong-dong   많이 many   영화 movie   내일 tomorrow

4-2. 오늘 회사에 가요   79

Writing 쓰기 4-2

준비 오늘 어디에 가요? 메모해 보세요.
Where are you going today? Write down your notes.

어디에 가요?	누구하고 가요?	거기에서 뭐 해요?
• 강남 • •	• 친구 • 혼자 •	• 옷을 사요. • •

쓰기 메모를 보고 보기 와 같이 여러분의 하루를 써 보세요.
Look at your notes and write down what you did today as shown in the example.

> **보기**
> 저는 오늘 혼자 강남에 가요. 강남에 가게가 많이 있어요. 저는 쇼핑을 좋아해요. 그래서 강남에서 옷하고 가방을 사요. 가게 옆에는 식당이 있어요. 거기에서 한국 음식을 먹어요. 그리고 집에 와요.

혼자 alone   옷 clothes   쇼핑 shopping

 친구하고 게임을 하세요.
Play a game with your partner.

1 어디에 가요? 친구의 말을 잘 듣고 맞혀 보세요.
Listen carefully to your partner's clues and guess the location of where they are trying to go.

2 여기에서 뭐 해요? 모두 말해 보세요.
Describe everything you can do at this location.

Task
과제

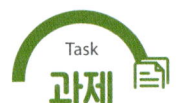

3 친구하고 게임을 해 보세요.
Play a board game with your partner.

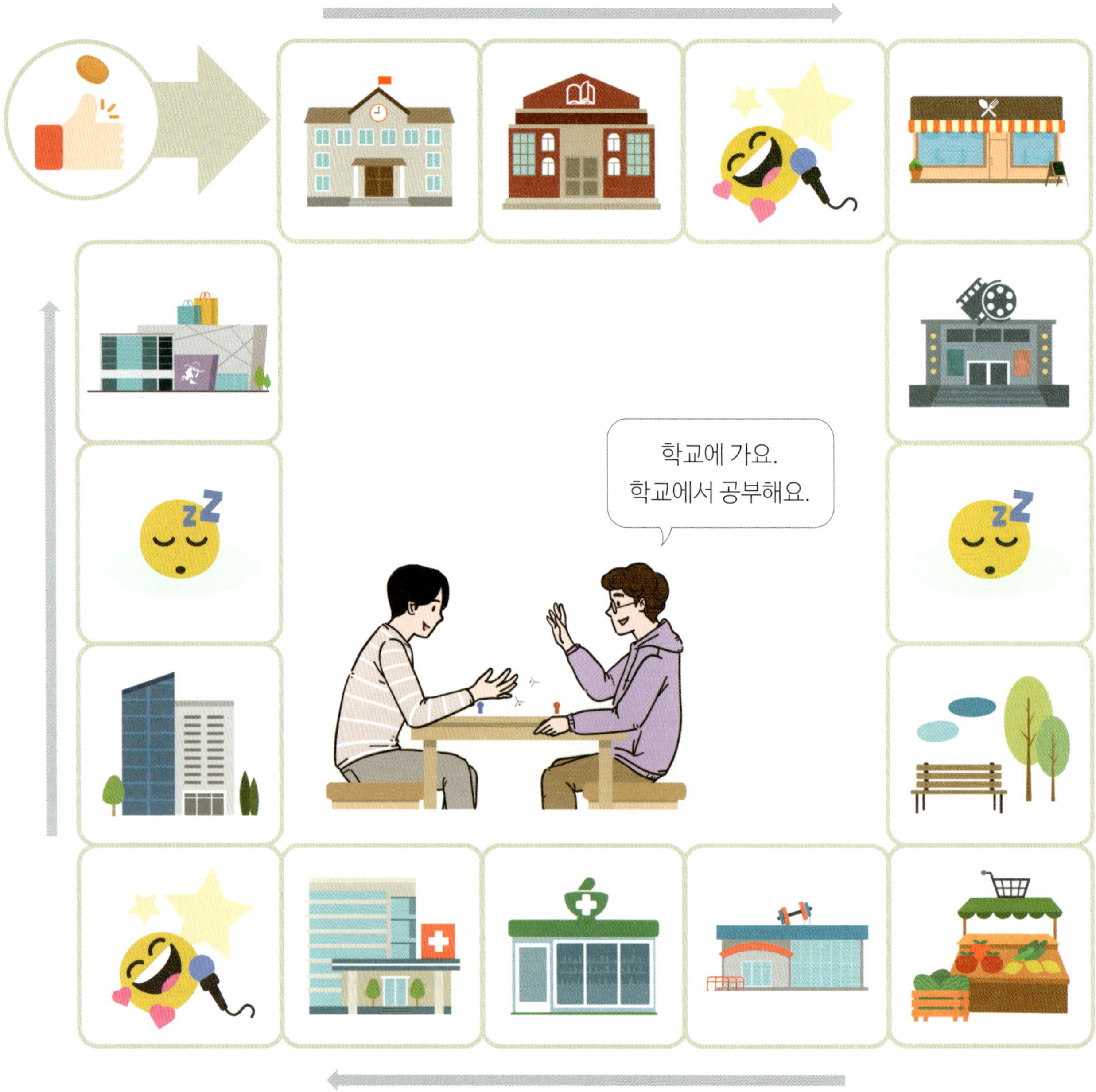

1) 동전을 던지세요.
Flip a coin.

2) 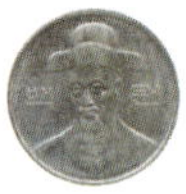 앞면이 나오면 1칸 가세요.
If it's heads, move one space over.

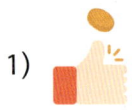

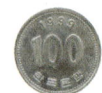

 뒷면이 나오면 2칸 가세요.
If it's tails, move two spaces over.

3) 어디에 가요? 거기에서 뭐 해요? 이야기해 보세요.
Where are you going? What do you do there? Practice talking to your partner.

문화 Culture

● 한국의 화가 김홍도의 그림이에요.

김홍도는 사람들의 일상생활을 많이 그렸어요.

작품 소개
- 작품명: 서당도
- 제작연대: 18세기 후반
- 작가: 김홍도
- 소장처: 국립중앙박물관

여기는 옛날 학교예요.
누가 있어요?
여기에서 뭐 해요?

작품 소개
- 작품명: 주막
- 제작연대: 18세기 후반
- 작가: 김홍도
- 소장처: 국립중앙박물관

여기는 옛날 식당이에요.
누가 있어요?
여기에서 뭐 해요?

발음 Pronunciation

받침은 뒤 음절이 모음으로 시작하면 그 음절의 첫소리로 발음됩니다.
When a final consonant occurs at the end of a syllable and is followed by a vowel, it shifts to the following vowel position and is pronounced as the initial sound of that syllable.

예) 가: 오늘 도서관에서 공부해요? 가: 오늘 뭐 해요?
　　나: 아니요. 집에서 공부해요.　　나: 서점에서 책을 사요.

자기 평가 Self-Check

☐ 지금 뭐 해요?
☐ 오늘 어디에 가요?
☐ 거기에서 뭐 해요?

5

식당 Restaurant

5-1 비빔밥하고 불고기가 맛있어요
5-2 주스 세 병에 오천 원이에요

1 이 사람들은 뭘 먹어요?
2 여러분은 한국 음식을 좋아해요?

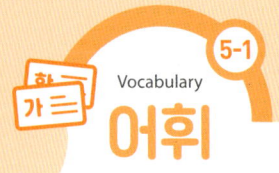# 비빔밥하고 불고기가 맛있어요
5-1 Vocabulary 어휘
The bibimbap and bulgogi are delicious

맛있다   맛없다   재미있다   재미없다   많다

서울식당

비싸다   싸다   좋다   친절하다

영수증
불고기 25,000원
라면 4,000원
합계 29,000원

깨끗하다

맛있다 to be delicious   맛없다 to not be delicious   재미있다 to be fun   재미없다 to not be fun
많다 to have many   비싸다 to be expensive   싸다 to be inexpensive   좋다 to be good
친절하다 to be friendly   깨끗하다 to be clean

이야기해 보세요

▶ 오늘 뭘 먹어요?
▶ 뭐가 맛있어요?

서울식당 메뉴

- 비빔밥
- 삼겹살
- 불고기
- 김밥
- 냉면
- 갈비탕
- 떡볶이
- 김치
- 김치찌개

비빔밥 bibimbap	삼겹살 samgyeopsal	불고기 bulgogi	김밥 gimbap
냉면 cold noodles	갈비탕 short rib soup	떡볶이 spicy rice cakes	김치 gimchi
김치찌개 gimchi stew			

5-1. 비빔밥하고 불고기가 맛있어요

말하기

Speaking 5-1

말하기 1 친구와 연습해 보세요.
Practice with your partner.

가: 여기가 학생 식당이에요.
나: 아, 그래요?
가: 저는 여기에 자주 와요. 음식이 맛있어요.

1)
한국어 책, 많다

2)
커피, 싸다

3)
직원, 친절하다

말하기 2 친구와 연습해 보세요.
Practice with your partner.

가: 에릭 씨, 오늘 식당에 가요?
나: 아니요. 식당에 안 가요.
가: 그럼 어디에서 밥을 먹어요?
나: 집에서 먹어요.

1) 카페에 가다 / 친구를 만나다 / 친구 집, 만나다

2) 도서관에서 숙제하다 / 숙제하다 / 카페, 숙제하다

3) 스포츠 센터에 가다 / 운동하다 / 공원, 운동하다

문법과 표현: 명이/가 형-아요/어요 ☞ 20쪽
안 동형 ☞ 21쪽

자주 often   직원 employee

말하기 3 친구와 이야기해 보세요.
Talk with your partner.

다니엘: 유진 씨, 여기 뭐가 맛있어요?
유 진: 커피가 맛있어요. 다니엘 씨는 커피를 좋아해요?
다니엘: 아니요. 저는 커피를 안 마셔요.
유 진: 그럼 뭘 좋아해요?
다니엘: 저는 차를 좋아해요. 녹차를 자주 마셔요.

발음
• 좋아해요 [조아해요]

1)

2)

3)

 Listening 5-1

듣기

준비 알맞은 것을 연결하세요.
Match the picture with the correct word.

재미있어요   맛있어요   비싸요

듣기 1 여기는 식당입니다. 잘 듣고 맞으면 ○, 틀리면 × 하세요.
This is a restaurant. Listen carefully and write ○ for true and × for false.

1) 치즈김밥이 맛있어요.　　(　)
2) 여자는 라면을 안 먹어요.　(　)

여러분은 뭘 좋아해요? 뭐가 맛있어요? 오늘 뭐 먹어요?
What are your favorite things to eat? What is delicious? What are you having today?

치즈김밥 cheese gimbap　　아주 very　　라면 ramen/instant noodles

준비 **누가 말해요? 잘 읽고 연결하세요.**
Match the sentences to complete the dialogue.

듣기 2 **제니와 하이의 대화입니다. 잘 듣고 맞는 것을 고르세요.**
This is a conversation between Jenny and Hai. Listen carefully and choose the correct statement.

① 남자는 우동을 좋아해요.
② 이 식당의 음식이 비싸요.
③ 이 식당에 사람이 없어요.

여기는 식당입니다. 손님과 식당 주인이 되어 이야기해 보세요.
This is a restaurant. Role-play as a customer and the owner of the restaurant.

우동 udon   그런데 by the way

어휘 Vocabulary 5-2

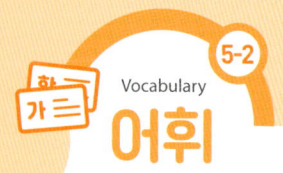

주스 세 병에 오천 원이에요

It's 5,000 won for 3 bottles of juice

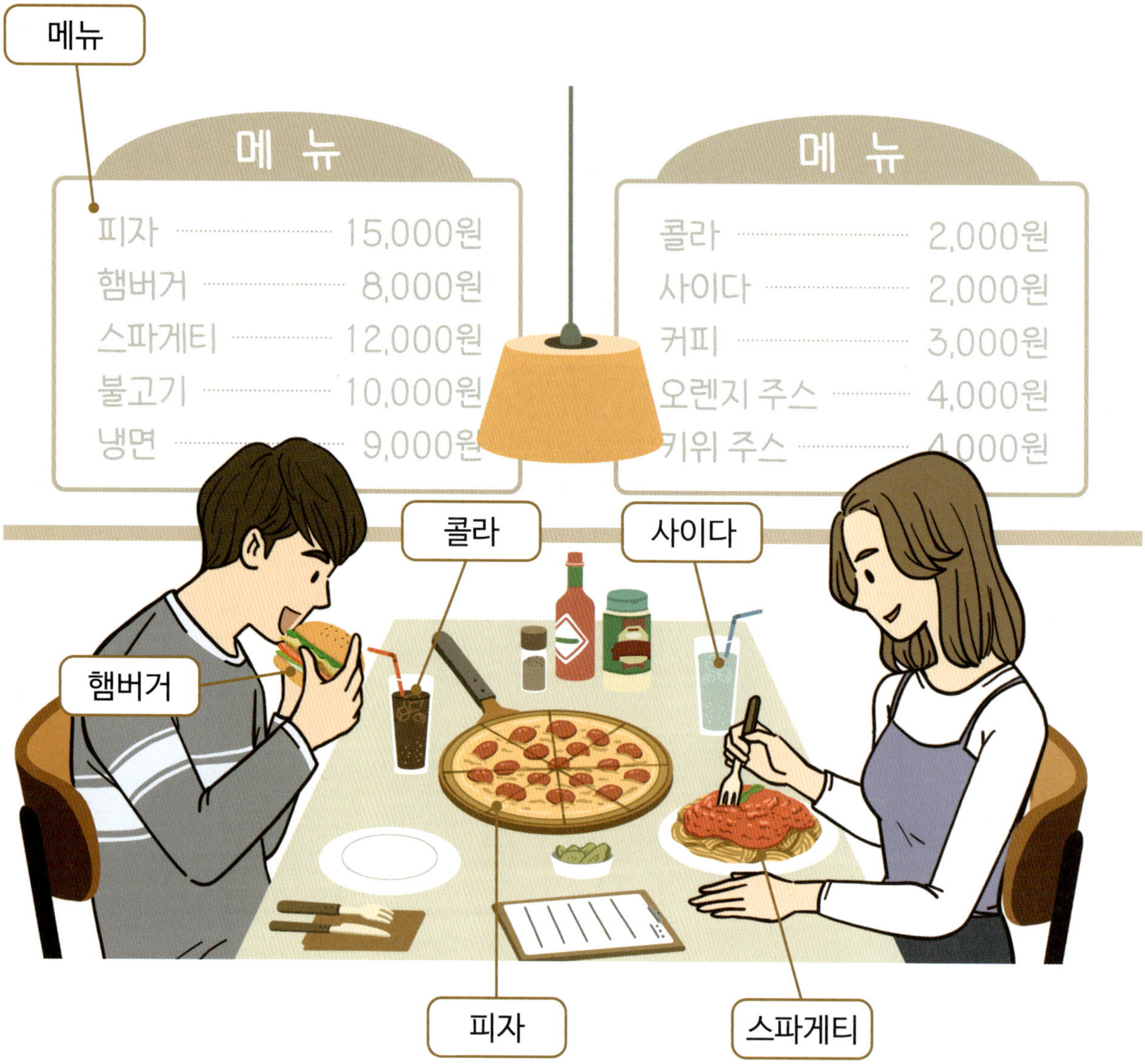

메뉴
메 뉴
피자 15,000원
햄버거 8,000원
스파게티 12,000원
불고기 10,000원
냉면 9,000원
메 뉴
콜라 2,000원
사이다 2,000원
커피 3,000원
오렌지 주스 4,000원
키위 주스 4,000원
콜라
사이다
햄버거
피자
스파게티

메뉴 menu 콜라 cola 사이다 soda 햄버거 hamburger
피자 pizza 스파게티 spaghetti

이야기해 보세요

▶ 한국어로 숫자를 말해 보세요.

1 일	2 이	3 삼	4 사	5 오
6 육	7 칠	8 팔	9 구	10 십

10 십	20 이십	30 삼십	40 사십	50 오십
60 육십	70 칠십	80 팔십	90 구십	100 백

1,000 천	10,000 만

Reading 5-2
읽기

준비 여러분은 가게에서 뭘 많이 사요? 그거는 얼마예요?
What do you usually buy at the store? How much is it?

읽기 1 마트 광고입니다. 잘 읽고 맞는 것을 고르세요.
This is a supermarket ad. Read carefully and choose the correct statement.

① 사과 두 개에 육천 원이에요.
② 주스 세 병에 오천 원이에요.
③ 라면 다섯 개에 천구백 원이에요.

가격을 물을 때
When asking for the price

이거는 얼마예요?
How much is this?

모두 얼마예요?
How much for all of it?

한 개에 얼마예요?
How much is for one?

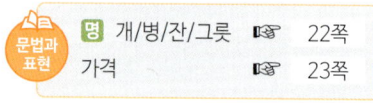

판 counter for a whole pizza   그래서 so   모두 all

읽기 2 제니의 이야기입니다. 잘 읽고 질문에 답해 보세요.
This is a passage about Jenny. Read carefully and answer the questions.

저는 오늘 테오 씨하고 하나식당에 가요. 하나식당은 학교 옆에 있어요. 피자하고 스파게티가 아주 맛있어요. 우리는 피자를 먹어요. 피자 **한 판**에 **만 원**이에요. 피자가 싸요. 그리고 저는 콜라를 **한 잔** 마셔요. 테오 씨는 콜라를 안 마셔요. 그래서 주스를 마셔요. 모두 **만 오천 원**이에요.

1 테오는 오늘 식당에서 뭘 먹어요?

① ② ③

2 맞는 것을 고르세요.

① 피자는 15,000원이에요.
② 테오는 식당에서 일해요.
③ 식당은 학교 옆에 있어요.

💬 **그림을 보고 이야기해 보세요.**
Look at the picture and talk with your partner.

이태원 커피숍	
커피	4,500원
딸기 케이크	5,400원
오렌지 주스	3,600원
차	3,500원

나폴리 피자	
토마토 피자	18,000원
스파게티	12,900원
치즈 햄버거	5,900원
콜라	2,000원

아리랑 식당	
불고기	15,000원
냉면	9,500원
콜라	1,000원
사이다	1,000원

10,000원이 있어요.
혼자 식당에 가요.
뭘 먹어요? 모두 얼마예요?

30,000원이 있어요.
친구하고 같이 식당에 가요.
뭘 먹어요? 모두 얼마예요?

Writing 쓰기 5-2

준비 여러분은 카페에서 뭘 사요? 보기 와 같이 써 보세요.
What do you buy at a cafe? Write sentences as shown in the example.

보기: 저는 아이스크림 한 개하고 녹차 한 잔을 사요.

1)
2)
3)

쓰기 여러분은 카페에 자주 가요? 카페에서 뭘 먹어요? 보기 와 같이 써 보세요.
Do you go to a cafe often? What do you have at the cafe? Write about your experiences as shown in the example.

보기: 저는 카페에 자주 가요. 카페는 편의점 옆에 있어요. 저는 카페에서 케이크하고 커피를 사요. 케이크가 맛있어요. 저는 녹차를 안 마셔요. 그래서 커피를 사요. 커피 한 잔에 삼천 원이에요. 커피가 싸요.

과제

💬 **친구가 만든 식당에 가서 주문해 보세요.**
Order food at your friend's restaurant.

1 여러분은 식당에서 뭘 자주 먹어요? 그 음식은 얼마예요? 친구와 같이 말해 보세요.
What do you often eat at a restaurant? How much is it? Talk with your partner.

2 여러분은 요리사예요. 여러분의 가게 이름이 뭐예요? 메뉴하고 가격을 써 보세요.
You are a chef. What is the name of your store? Write down your store's menu and prices.

5-2. 주스 세 병에 오천 원이에요

3 친구의 가게에 가서 음식을 주문해 보세요.
Go to your friend's store and order food.

어서 오세요.

 .... 있어요?

네. 있어요. 아주 맛있어요.

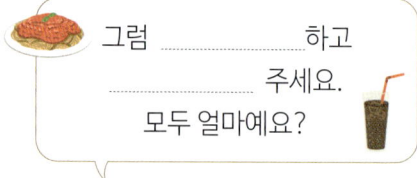 그럼 .... 하고
.... 주세요.
모두 얼마예요?

만 원이에요.

여기 있어요.

감사합니다.
잠깐만 기다리세요.

한국의 '돈'을 아세요?

여러분 지갑에는 한국 동전과 지폐가 있어요?

발음 / Pronunciation

받침 'ㅎ, ㄶ, ㅀ'은 뒤에 모음이 오면 [ㅎ]이 발음되지 않습니다.
[ㅎ] is silent when the final consonants 'ㅎ, ㄶ, ㅀ' are followed by an initial 'ㅇ.'

예) 가: 불고기를 좋아해요?　　　　가: 식당에 사람이 많아요?
　　나: 네. 불고기가 좋아요.　　　나: 네. 많아요.

자기 평가 / Self-Check

☐ 뭐가 맛있어요?
☐ 요즘 커피 한 잔에 얼마예요?
☐ 한국 음식을 매일 먹어요?

6 날짜와 요일
Dates & Days of the Week

- **6-1** 토요일에 친구를 만나요
- **6-2** 친구들하고 밥을 먹을 거예요

1 오늘이 며칠이에요? 무슨 요일이에요?
2 여러분은 금요일에 뭐 해요?

6-1 토요일에 친구를 만나요
I'm meeting a friend on Saturday

10월

	평일				주말	
월요일	화요일	수요일	목요일	금요일	토요일	일요일
4	5	6	7	8	9	10
		지난주				
11	12	13	14	15	16	17
		이번 주		어제	오늘	내일
18	19	20	21	22	23	24
		다음 주				

📖
월요일 Monday 화요일 Tuesday 수요일 Wednesday 목요일 Thursday
금요일 Friday 토요일 Saturday 일요일 Sunday 평일 weekday
주말 weekend 어제 yesterday 오늘 today 내일 tomorrow

이야기해 보세요

▶ 오늘이 무슨 요일이에요?
▶ 주말에 시간이 있어요?

아침

점심

저녁

내일 시간이 있어요?

미안해요. 시간이 없어요.

지난주 last week	이번 주 this week	다음 주 next week	
아침 morning	점심 afternoon	저녁 evening	시간 time

Speaking 6-1 말하기

말하기 1 **친구와 연습해 보세요.**
Practice with your partner.

가: 에릭 씨, 금요일에 뭐 해요?
나: 친구를 만나요. 유진 씨는 뭐 해요?
가: 집에서 쉬어요.

1) 목요일

2) 주말

3) 오늘

말하기 2 **친구와 연습해 보세요.**
Practice with your partner.

가: 오늘 운동해요?
나: 네. 해요.
가: 내일도 운동해요?
나: 아니요. 내일은 안 해요.

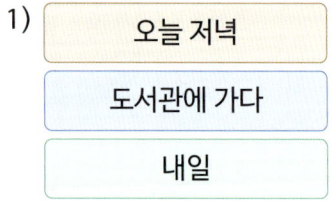

일요일	월요일	화요일	수요일	목요일	금요일	토요일
		1	2 오늘	3	4	5

1) 오늘 저녁
   도서관에 가다
   내일

2) 수요일
   약속이 있다
   일요일

3) 이번 주 화요일
   친구를 만나다
   다음 주 금요일

문법과 표현
명 에 → 24쪽
명 도 → 25쪽

태권도 Taekwondo   약속 plans

말하기 3   친구와 이야기해 보세요.
Talk with your partner.

다니엘: 제니 씨, 토요일에 뭐 해요?
제 니: 집에서 쉬어요. 그리고 스포츠 센터에서 운동해요.
다니엘: 토요일에도 스포츠 센터에 가요?
제 니: 네. 저는 운동을 좋아해요. 다니엘 씨는 뭐 해요?
다니엘: 학교에서 태권도를 배워요. 저도 운동을 좋아해요.

발음
- 학교에서 [학꾜에서]

1)

일요일	
집, 쉬다	도서관, 책을 읽다
서점, 책을 사다	

2)

6-1. 토요일에 친구를 만나요

Listening 6-1
듣기

준비 무슨 요일을 좋아해요?
What is your favorite day of the week?

| 일요일 | 월요일 | 화요일 | 수요일 | 목요일 | 금요일 | 토요일 |

듣기 1 자밀라는 뭐 해요? 잘 듣고 연결하세요.
What is Jamila doing? Listen carefully and match the day of the week with the picture.

월요일   화요일   수요일   목요일   금요일   토요일   일요일

①    ②    ③    ④

 평일에 보통 뭐 해요?
What do you usually do during the weekdays?

무슨 what   요일 day of the week   노래방 noraebang (singing room)

준비 오늘 저녁에 시간이 있어요? 뭐 해요?
Are you free this evening? What are you going to do?

듣기 2 하이와 나나의 대화입니다. 잘 듣고 맞으면 ○, 틀리면 × 하세요.
This is a conversation between Hai and Nana. Listen carefully and write ○ for true and × for false.

1) 제니는 도서관에 가요.　　　(　　　)
2) 나나도 친구하고 숙제해요.　　(　　　)

달력을 보고 친구하고 이야기해 보세요.
Look at the calendar and talk with your partner.

| 오늘 | 내일 | 수요일 | 금요일 | 주말 | 이번 주 일요일 |

6월

월	화	수	목	금	토	일
2	3	4	5	6	7	8

오늘: 오늘 뭐 해요?

영화를 봐요.

6-1. 토요일에 친구를 만나요

친구들하고 밥을 먹을 거예요
I'm going to eat with friends

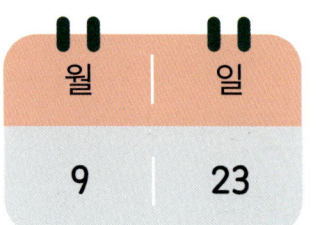

오늘이 며칠이에요?

구월 이십삼 일이에요.

일월 January	이월 February	삼월 March	사월 April	오월 May
유월 June	칠월 July	팔월 August	구월 September	시월 October
십일월 November	십이월 December	월 month	일 day	며칠 what date

이야기해 보세요

▶ 생일이 며칠이에요?
▶ 어디에서 사진을 많이 찍어요?

| 구경하다 | 등산하다 |

빨래하다　　　사진을 찍다　　　산책하다

쇼핑하다　　　　청소하다

구경하다 to watch　　등산하다 to hike　　빨래하다 to do laundry　　사진을 찍다 to take a photo
산책하다 to take a walk　　쇼핑하다 to shop　　청소하다 to clean

Reading 읽기 6-2

준비 무슨 요일에 시간이 있어요?
What day of the week are you free?

읽기 1 에릭의 문자 메시지입니다. 잘 읽고 맞는 것을 고르세요.
This is Eric's text message. Read carefully and choose the correct statement.

엥흐 씨, 10월 10일에 시간이 있어요?
친구들하고 하나식당에서
밥을 먹을 거예요.
안나 씨하고 다니엘 씨도 **올 거예요.**

| 10월 |
| 일 | 월 | 화 | 수 | 목 | 금 | 토 |
| 5 | 6 오늘 | 7 | 8 | 9 | 10 | 11 |

① 오늘은 시월 십 일이에요.
② 엥흐는 금요일에 시간이 있어요.
③ 에릭은 금요일에 식당에 갈 거예요.

읽기 2 마리의 이야기입니다. 잘 읽고 질문에 답해 보세요.
This is a passage about Mari. Read carefully and answer the questions.

저는 주말에 항상 아르바이트를 해요. 그런데 다음 주에 고향에서 친구가 와요. 그래서 **다음 주에만** 아르바이트를 안 해요. 금요일에 친구하고 제주도에 **갈 거예요.** 제주도에서 **등산할 거예요.** 바다에도 **갈 거예요.** 우리는 사진을 많이 **찍을 거예요.** 8월 23일에 서울에 **올 거예요.**

1 마리는 제주도에서 뭐 할 거예요? 모두 고르세요.

2 맞는 것을 고르세요.

① 마리는 주말에 보통 등산해요.
② 마리의 친구는 다음 주에 한국에 와요.
③ 마리는 친구하고 같이 바다에만 갈 거예요.

 여러분의 계획을 이야기해 보세요.
Share your plans with your partner.

✎ 어디에 갈 거예요?
- ☐ 이태원
- ☐ 인사동
- ☐ 부산
- ☐ 제주도
- ☐ _____
- ☐ _____

✎ 언제 갈 거예요?
　날짜와 요일을 써 보세요.
- ☐ ____월 ____일
- ☐ ____요일
- ☐ 아침
- ☐ 점심
- ☐ 저녁

✎ 누구하고 갈 거예요?
- ☐ 혼자
- ☐ 친구
- ☐ _____

✎ 거기에서 뭐 할 거예요?

6월 8일 토요일은 크리스 생일이에요. 크리스 씨는 금요일에만 시간이 있어요. 그래서 우리는 금요일 저녁에 같이 인사동에 갈 거예요. 한국 식당에서 밥을 먹을 거예요. 그리고 구경할 거예요. 사진도 많이 찍을 거예요.

문법과 표현
동 -(으)ㄹ 거예요　☞ 26쪽
명 만　☞ 27쪽

밥 meal　　항상 always　　그런데 but　　제주도 Jeju Island　　바다 beach　　보통 usually　　이태원 Itaewon
인사동 Insa-dong　부산 Busan　언제 when　날짜 date

준비 주말에 어디에 갈 거예요? 거기에서 뭐 할 거예요? 보기 와 같이 써 보세요.
Are you going anywhere on the weekend? What are you going to do there? Write your weekend plans.

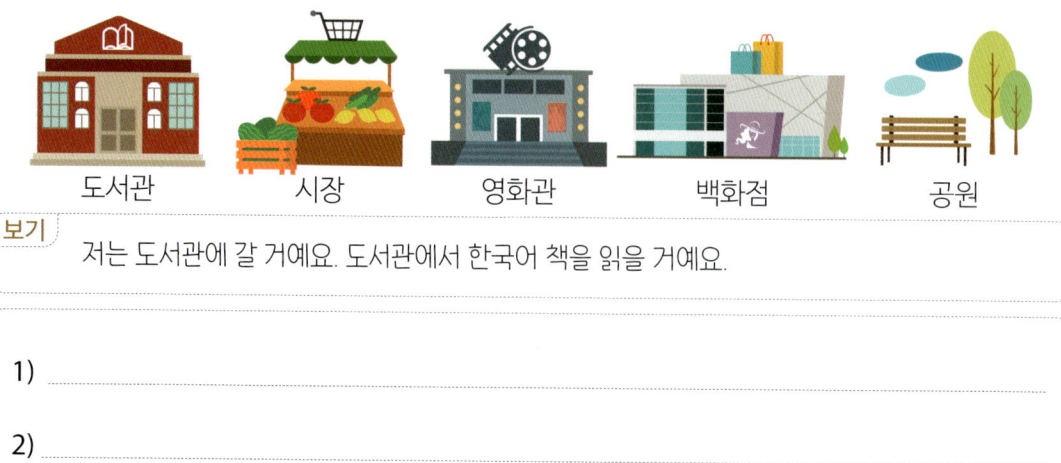

도서관   시장   영화관   백화점   공원

보기: 저는 도서관에 갈 거예요. 도서관에서 한국어 책을 읽을 거예요.

1) _____
2) _____
3) _____

쓰기 다음 주에 뭐 할 거예요? 메모하고 보기 와 같이 써 보세요.
What are you going to do next week? Write your plans as shown in the example.

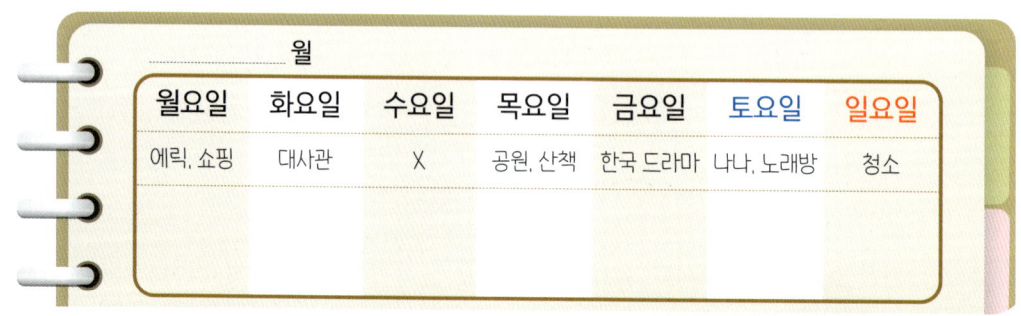

월						
월요일	화요일	수요일	목요일	금요일	토요일	일요일
에릭, 쇼핑	대사관	X	공원, 산책	한국 드라마	나나, 노래방	청소

보기: 저는 월요일하고 토요일에 약속이 있어요. 친구를 만날 거예요. 화요일에는 대사관에 갈 거예요. 목요일에는 공원에서 산책할 거예요. 공원은 우리 집 옆에 있어요. 금요일하고 일요일에는 집에 있을 거예요. 다음 주에는 수요일에만 시간이 있어요.

대사관 embassy

Task 과제

💬 **여러분의 계획을 이야기해 보세요.**
Talk about your plans with your partner.

1 다음 그림을 보고 아래의 표현을 모두 사용해서 이야기해 보세요.
Look at the pictures and use all the expressions below to describe Mari's schedule.

| 배우다 | 그리고 | 등산하다 | 만나다 |
| 가르치다 | 쇼핑하다 | 그래서 | 한국어 |

평일

월요일, 수요일

금요일

토요일

일요일

다음 주 월요일

가르치다 to teach

2 여러분은 이번 주에 뭐 할 거예요? 메모하고 이야기해 보세요.
What are you going to do this week? Take notes and talk with your partner.

3 친구는 뭐 할 거예요? 친구 이야기를 듣고 메모해 보세요.
What is your partner going to do? Listen to your partner's plans and take notes.

문화

● 문화가 있는 날, 마지막 주 수요일

매달 마지막 주 수요일은 '문화가 있는 날'이에요.
영화관, 공연장, 스포츠 경기장, 전시회에서 할인을 받을 수 있어요.
여러분은 이번 달 '문화가 있는 날'에 어디에 가고 싶어요?

영화표 두 장 주세요.
네. 오늘은 50% 할인입니다.

와, 오늘 무슨 날이에요?
마지막 주 수요일, '문화가 있는 날'이에요.

발음
Pronunciation

받침 'ㄱ' 뒤에 오는 'ㄱ, ㄷ, ㅂ, ㅅ, ㅈ'은 [ㄲ, ㄸ, ㅃ, ㅆ, ㅉ]으로 발음합니다.
When 'ㄱ, ㄷ, ㅂ, ㅅ, ㅈ' come after 'ㄱ,' they are pronounced as [ㄲ, ㄸ, ㅃ, ㅆ, ㅉ].

예 가: 오늘 어디에 가요?
나: 학교에 가요.

가: 식당에서 밥을 먹어요?
나: 아니요. 기숙사에서 밥을 먹어요.

자기 평가
Self-Check

☐ 생일이 며칠이에요?
☐ 오늘이 무슨 요일이에요?
☐ 내일 뭐 할 거예요?

7

시간 Time

- **7-1** 보통 몇 시에 일어나요?
- **7-2** 어제 한강공원에 갔어요

1 이 사람들은 지금 뭐 해요?
2 여러분은 주말에 보통 뭐 해요?

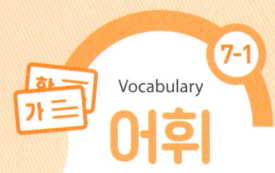

보통 몇 시에 일어나요?
What time do you usually get up?

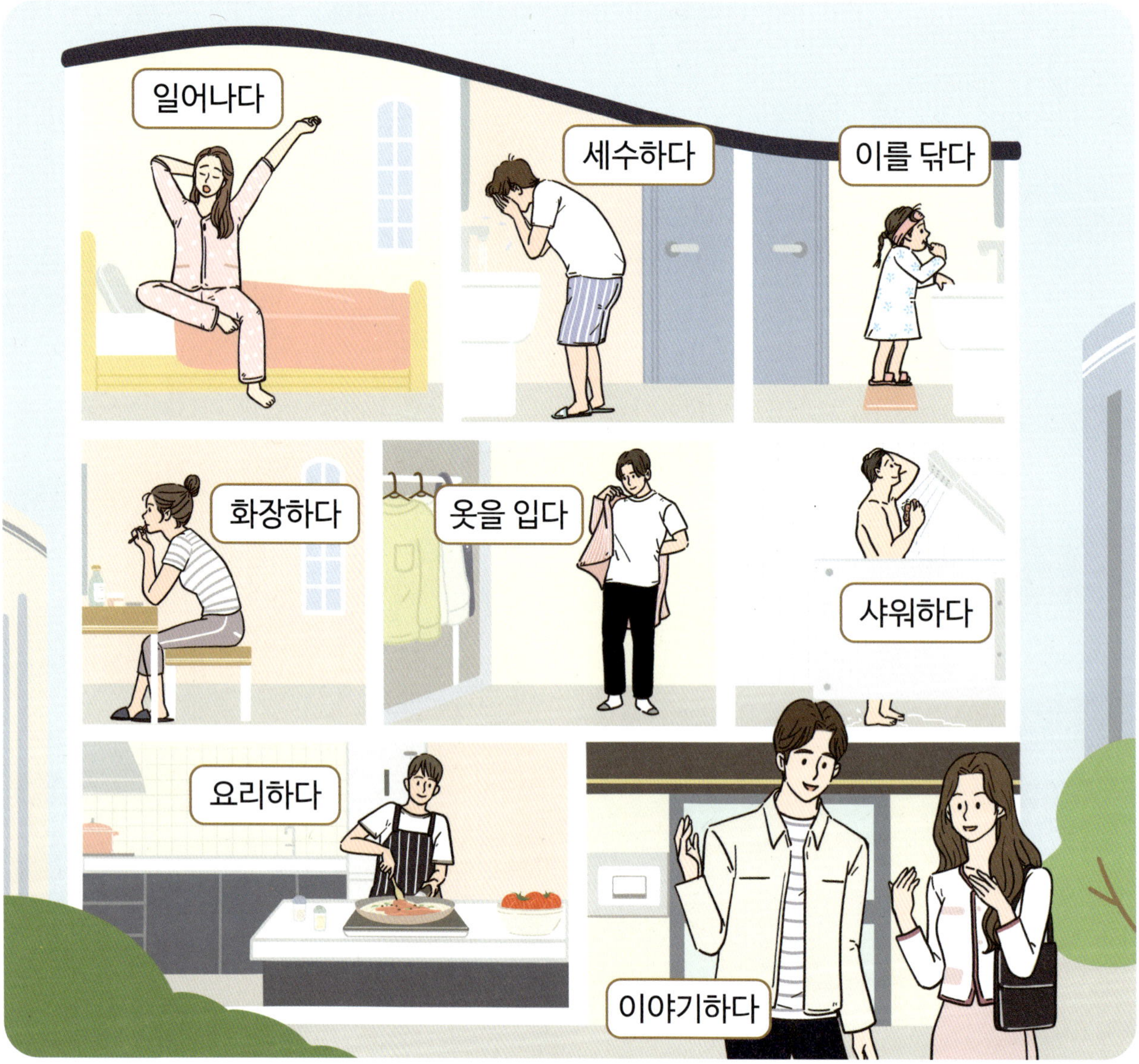

일어나다 to get up	세수하다 to wash one's face	이를 닦다 to brush one's teeth
화장하다 to put on makeup	옷을 입다 to wear clothes	샤워하다 to shower
요리하다 to cook	이야기하다 to talk	

이야기해 보세요

▶ 누구하고 많이 이야기해요?
▶ 주말에 일찍 일어나요? 늦게 일어나요?

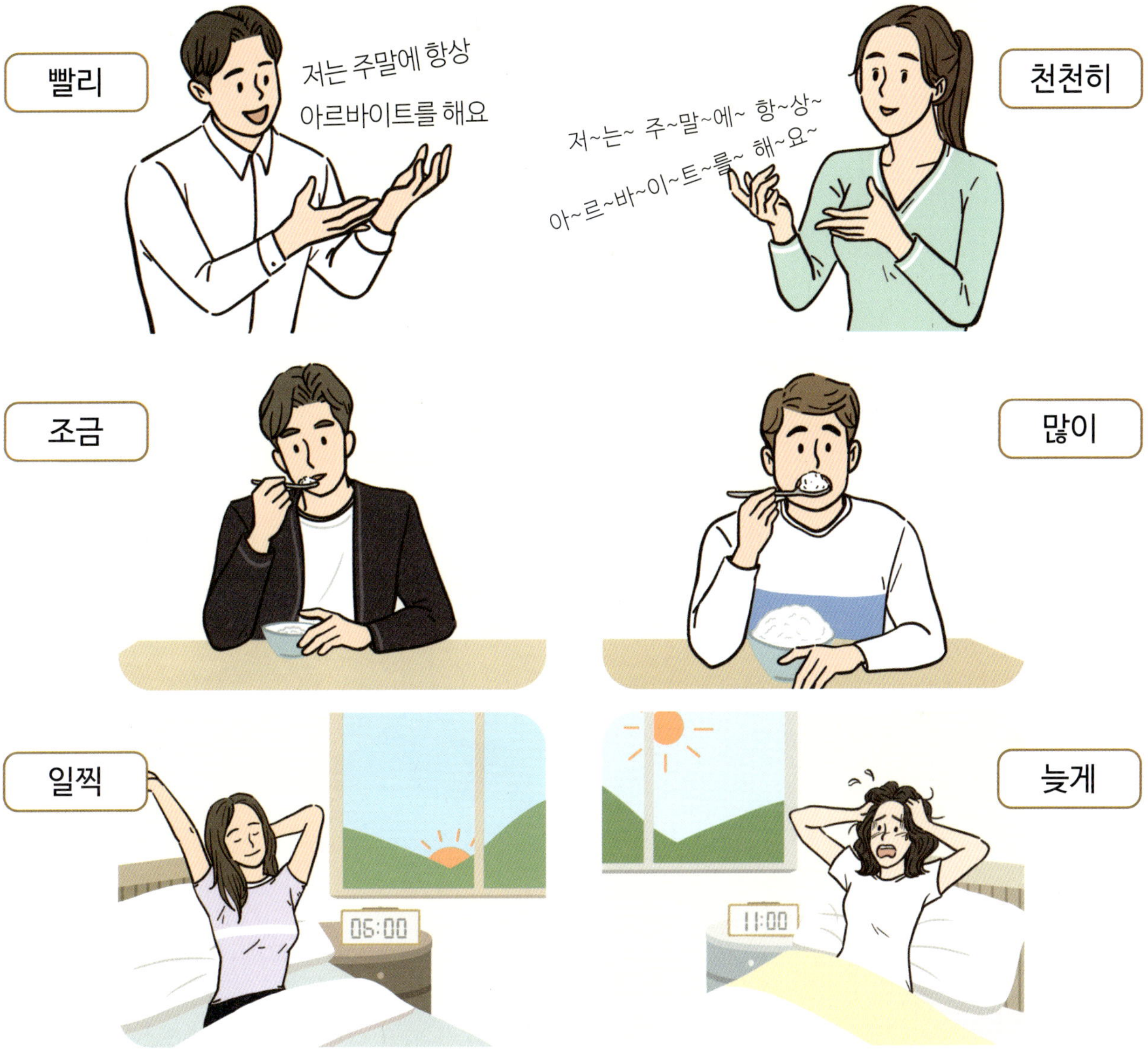

빨리   저는 주말에 항상 아르바이트를 해요   천천히   저~는~ 주~말~에~ 항~상~ 아~르~바~이~트~를~ 해~요~

조금   많이

일찍   늦게

빨리 quickly   천천히 slowly   조금 a little   많이 a lot
일찍 early   늦게 late

Speaking 7-1 말하기

말하기 1 **친구와 연습해 보세요.**
Practice with your partner.

가: 하이 씨는 보통 몇 시에 일어나요?
나: 8시에 일어나요.
가: 그래요? 저도 8시에 일어나요. 그럼 몇 시에 자요?
나: 11시쯤 자요.

1) 9시 / 1시
2) 7시 30분 / 10시
3) 6시 30분 / 12시 30분

말하기 2 **친구와 연습해 보세요.**
Practice with your partner.

가: 제니 씨, 내일 뭐 해요?
나: 요가 수업이 있어요.
가: 몇 시에 요가 수업을 해요?
나: 6시부터 7시까지 해요.

1)  9:00 ~ 1:00
2)  4:00 ~ 5:00
3)  8:00 ~ 9:00

| 문법과 표현 | 시간 | 28쪽 |
| 명 부터 명 까지 | 29쪽 |

쯤 about/approximately   요가 yoga

말하기 3 친구와 이야기해 보세요.
Talk with your partner.

엥흐: 내일 뭐 할 거예요?
제니: 크리스 씨하고 인사동에 갈 거예요. 요리 수업이 있어요.
엥흐: 아, 그래요? 몇 시부터 몇 시까지 요리를 배워요?
제니: 4시부터 5시까지 배워요. 엥흐 씨는 내일 뭐 할 거예요?
엥흐: 저는 아침에 산에 갈 거예요. 그리고 저녁에 친구를 만날 거예요.

> **발음**
> • 몇 시 [멷씨]
> • 5시 [다섣씨]

1)
수요일
제니: 영어를 가르치다
　　　영어 수업이 있다
　　　2시 ~ 4시
엥흐: 아침, 회의하다
　　　저녁, 스포츠 센터에 가다

2)
금요일
제니: 영화관
　　　영화를 보다
　　　6시 30분 ~ 8시
엥흐: 점심, 도서관에 가다
　　　저녁, 산책하다

회의하다 to hold a meeting

준비 지금 몇 시예요?
What time is it now?

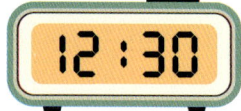   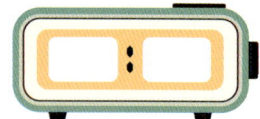

듣기 1 마리와 에릭의 대화입니다. 잘 듣고 질문에 답하세요.
This is a conversation between Mari and Eric. Listen carefully and answer the questions.

1 맞으면 ○, 틀리면 × 하세요.

   1) 여자는 내일 시간이 있어요. (   )

   2) 여자는 일본어 선생님이에요. (   )

2 여자는 언제 수업이 있어요? 쓰세요.

   화요일하고 목요일 (   )부터 (   )까지 수업이 있어요.

토요일에 보통 뭐 해요?
What do you usually do on Saturdays?

토요일에 보통 뭐 해요?

집 근처 공원에서 산책해요. 저녁 8시쯤 공원에 가요.

수업 class   요즘 these days   근처 nearby

준비 **점심에 보통 뭐 해요?**
What do you usually do in the afternoon?

듣기 2 **안나의 이야기입니다. 잘 듣고 질문에 답하세요.**
This is a passage about Anna. Listen carefully and answer the questions.

1 안나는 무엇에 대해 이야기해요?

① '나'의 한국 친구
② '나'의 한국 생활
③ '나'의 한국어 수업

2 맞으면 ○, 틀리면 × 하세요.

1) 안나는 9시에 학교에 가요.　　(　　)
2) 안나는 5시부터 숙제를 해요.　　(　　)

💬 **내일 뭐 해요? 다음을 쓰고 이야기해 보세요.**
What are you doing tomorrow? Write down your plans below and talk to your partner about them.

생활 life

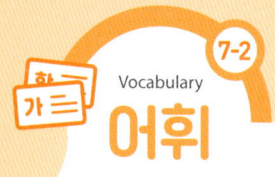

어제 한강공원에 갔어요
I went to Hangang Park yesterday

수업이 끝나다

시험이 끝나다

여행하다

캠핑을 하다

수업이 끝나다 class is over   시험이 끝나다 test is over   여행하다 to travel
캠핑을 하다 to go camping

이야기해 보세요

▶ 수업이 끝나고 뭐 해요?
▶ 무슨 운동을 해요?

축구하다

농구하다

야구하다

수영하다

테니스 치다

골프 치다

축구하다 to play soccer	농구하다 to play basketball	야구하다 to play baseball
수영하다 to swim	테니스 치다 to play tennis	골프 치다 to play golf

읽기 7-2

준비 여러분은 친구하고 언제 만나요? 보통 뭐 해요?
When do you meet your friends? What do you usually do?

읽기 1 제니의 이야기입니다. 잘 읽고 맞는 것을 고르세요.
This is a passage about Jenny. Read carefully and choose the correct statement.

토요일에 우리 반 친구 아야나 씨하고 한강 캠핑장에서 캠핑을 **했어요**. 아야나 씨가 요리를 **했어요**. 정말 **맛있었어요**. 밥을 먹고 **농구했어요**. **재미있었어요**. 다음 주에는 아야나 씨하고 여행할 거예요.

① 제니는 주말에 친구를 만났어요.
② 제니는 농구를 하고 밥을 먹었어요.
③ 제니는 여행도 하고 캠핑도 할 거예요.

읽기 2 다니엘의 일기입니다. 잘 읽고 질문에 답해 보세요.
This is Daniel's diary. Read carefully and answer the questions.

어제는 **토요일이었어요**. 저는 아침에 일찍 민우 씨를 **만났어요**. 먼저 한복 가게에 **갔어요**. 한복 가게에서 한복을 **빌렸어요**. 우리는 한복을 입고 경복궁에 **갔어요**. 경복궁을 **구경하고** 인사동에도 **갔어요**. 우리는 사진도 많이 **찍었어요**. 밤 9시까지 민우 씨하고 **놀았어요**. 10시쯤 집에 **왔어요**. 정말 **재미있었어요**.

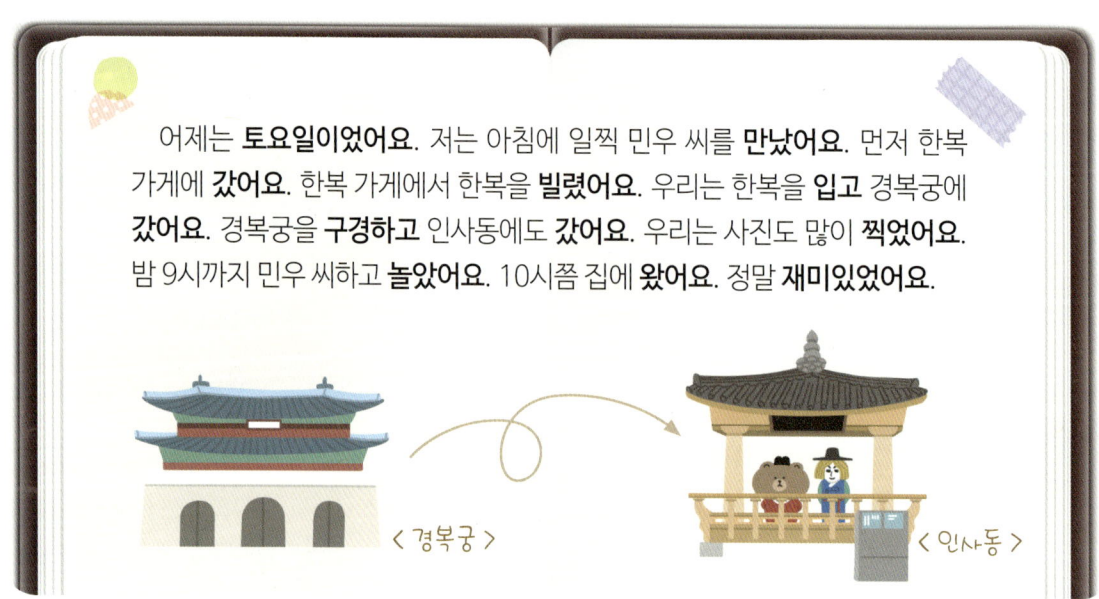

〈 경복궁 〉　　〈 인사동 〉

1 다니엘은 토요일에 어디에 갔어요? 쓰세요.

 → □ → □ → 집

2 맞는 것을 고르세요.

① 다니엘은 오늘 경복궁에 갈 거예요.
② 다니엘은 인사동에서 한복을 샀어요.
③ 다니엘은 한복을 입고 사진을 찍었어요.

어제 수업이 끝나고 뭐 했어요?
What did you do after class yesterday?

어제 1시에 수업이 끝났어요. 수업이 끝나고 친구하고 같이 학생 식당에 갔어요. 학생 식당에서 비빔밥하고 떡볶이를 먹었어요. 아주 맛있었어요. 밥을 먹고 우리는 같이 공원에 갔어요. 공원에서 농구했어요. 재미있었어요.

문법과 표현
동-고   30쪽
동형-았어요/었어요   31쪽

한강 Hangang/Han River   캠핑장 campsite   정말 really   먼저 first   한복 hanbok   빌리다 to rent
경복궁 Gyeongbokgung Palace

Writing 쓰기 7-2

준비 지난주 주말에 뭐 했어요? 메모해 보세요.
What did you do last weekend? Write down your notes.

시간		뭐 했어요?	어땠어요?
아침	10시	일어났어요.	
점심		점심을 먹고 영화를 봤어요.	영화가 재미있었어요.
저녁		친구하고 강남에서 밥을 먹었어요.	
밤	12시	샤워하고 잤어요.	

쓰기 주말에 뭐 했어요? 메모를 보고 보기 와 같이 써 보세요.
What did you do over the weekend? Look at your notes from above and write a passage as shown in the example.

> **보기**
> 토요일에는 10시에 일어났어요. 점심을 먹고 영화를 봤어요. 영화가 재미있었어요. 그리고 친구를 만났어요. 친구하고 강남에서 밥을 먹고 집에 늦게 왔어요. 12시쯤에 샤워하고 잤어요.

밤 night

지난주에 한 일에 대해 이야기해 보세요.
Talk about what you did last week with your partner.

1 지난주에 뭐 했어요? 메모해 보세요.
What did you do last week? Write down your notes.

월요일	
9시 ~ 1시	3시 ~ 6시
한국어 수업	

화요일	
9시 ~ 1시	6시 ~ 9시
	강남역, 친구

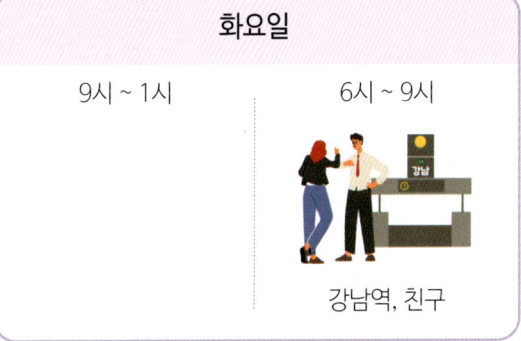

수요일	
9시 ~ 1시	6시 ~ 9시
	집, 요리

목요일	
1시 ~ 2시	5시 ~ 8시

금요일	
9시 ~ 1시	6시 ~ 9시
	집, 요리

토요일	
1시 ~ 2시	5시 ~ 8시

일요일	
10시 ~ 12시	6시 ~ 9시

2 메모를 보고 친구와 이야기해 보세요.
Look at your notes from the previous page and talk with your partner about what you did during the week.

- 제니 씨, 월요일에 뭐 했어요?
- 아침에 한국어를 공부하고 오후에 친구를 만났어요. 엥흐 씨는 월요일에 뭐 했어요?
- 저도 아침에 한국어를 공부하고 오후에 친구를 만났어요. 제니 씨, 화요일에 뭐 했어요?
- 아침에 커피를 마시고 저녁에 강남역에서 친구를 만났어요. 엥흐 씨는 화요일에 뭐 했어요?

3 지난주에 뭐가 제일 재미있었어요? 뭐가 제일 힘들었어요? 이야기해 보세요.
What was the most fun thing you did last week? What was the hardest thing that happened? Share with your partner.

- 지난주에 한국어 시험이 있었어요. 그래서 공부를 많이 했어요. 정말 힘들었어요. 시험이 끝나고 친구하고 백화점에서 쇼핑했어요. 저는 모자를 사고 친구는 가방을 샀어요.
- 저는 지난주에 친구하고 인사동에 갔어요. 인사동에서 구경하고 사진을 많이 찍었어요. 재미있었어요. 인사동 식당에서 비빔밥을 먹었어요. 아주 맛있었어요.

힘들다 to be hard/tough

여러분은 주말에 뭐 해요?

한국 사람들은 주말에 캠핑을 많이 해요.
캠핑장에서 한강도 보고 바비큐 파티도 하고 물놀이도 해요.
여러분도 주말에 캠핑장에 가서 사진을 찍어 보세요.

발음 / Pronunciation

받침 [ㄷ] 뒤에 오는 'ㄱ, ㄷ, ㅂ, ㅅ, ㅈ'은 [ㄲ, ㄸ, ㅃ, ㅆ, ㅉ]으로 발음합니다.
When the final consonant 'ㄷ' is followed by 'ㄱ, ㄷ, ㅂ, ㅅ, ㅈ,' they are pronounced as [ㄲ, ㄸ, ㅃ, ㅆ, ㅉ].

예 가: 지금 몇 시예요?   가: 몇 시에 친구를 만나요?
    나: 여섯 시예요.   나: 다섯 시에 만나요.

자기 평가 / Self-Check

- ☐ 지금 몇 시예요?
- ☐ 보통 몇 시에 일어나요?
- ☐ 어제 수업이 끝나고 뭐 했어요?

8 날씨 Weather

- **8-1** 오늘 날씨가 어때요?
- **8-2** 토요일에는 비가 오고 조금 추워요

1 여러분의 나라는 요즘 날씨가 어때요?
2 무슨 계절을 좋아해요? 왜 좋아해요?

8-1 오늘 날씨가 어때요?
How's the weather today?

날씨

맑다

흐리다

비가 오다

눈이 오다

따뜻하다

시원하다

바람이 불다

9:00
서울시 관악구
수요일, 3월 12일 9:00
19°C

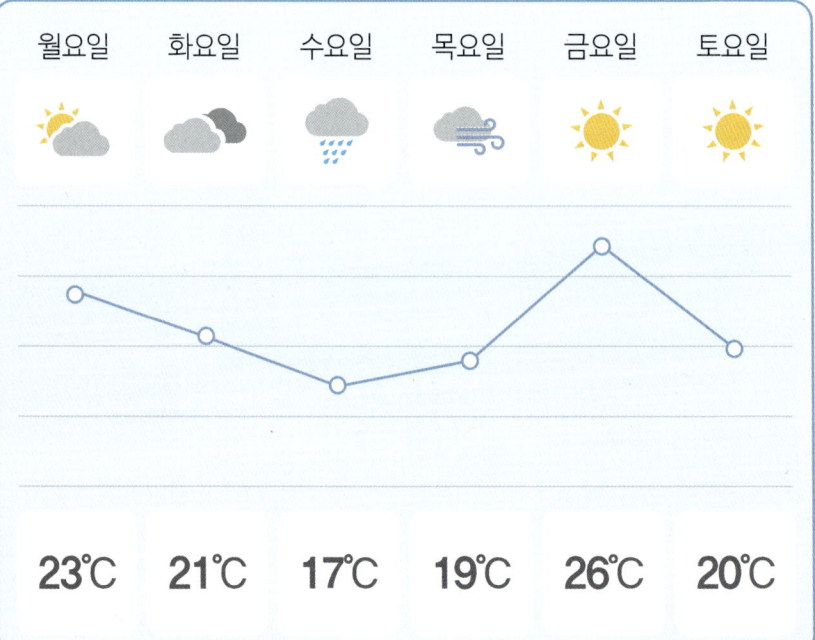

월요일	화요일	수요일	목요일	금요일	토요일
23°C	21°C	17°C	19°C	26°C	20°C

날씨 weather　　맑다 to be sunny　　흐리다 to be cloudy　　비가 오다 to rain
눈이 오다 to snow　　따뜻하다 to be warm　　시원하다 to be cool　　바람이 불다 to be windy

이야기해 보세요

▶ 오늘 날씨가 어때요?
▶ 한국에는 사계절이 있어요. 여러분 고향은 어때요?

계절

봄

여름

가을

겨울

계절 season   봄 spring   여름 summer   가을 fall/autumn   겨울 winter

말하기 (Speaking 8-1)

말하기 1 친구와 연습해 보세요.
Practice with your partner.

가: 우리 같이 <mark>산책할까요</mark>?
나: 좋아요. 그런데 오늘 날씨가 어때요?
가: <mark>맑아요</mark>.

1) 축구하다 / 시원하다
2) 경복궁에 가다 / 조금 흐리다
3) 인사동에서 구경하다 / 날씨가 아주 좋다

말하기 2 친구와 연습해 보세요.
Practice with your partner.

가: 에릭 씨, 오늘 <mark>날씨가 좋아요</mark>. 같이 <mark>농구를 할까요</mark>?
나: 네. 좋아요. 어디에서 <mark>할까요</mark>?
가: <mark>서울공원에서 해요</mark>.
나: 네. 이따 봐요.

1) 날씨가 따뜻하다 / 캠핑을 하다 / 한강 캠핑장
2) 날씨가 시원하다 / 테니스를 치다 / 학교 테니스장
3) 눈이 오다 / 사진을 찍다 / 기숙사 앞

문법과 표현
(같이) 동-아요/어요 ☞ 32쪽
동-(으)ㄹ까요? ☞ 33쪽

어때요 How is it   이따 later   테니스장 tennis court

말하기 3 친구와 이야기해 보세요.
Talk with your partner.

소날: 민우 씨, 우리 이번 주 주말에 수영장에 갈까요?
민우: 네. 같이 가요. 요즘 날씨가 맑고 좋아요.
그런데 수영장이 어디에 있어요?
소날: 한강공원에 있어요.
민우: 네. 그럼 토요일에 갈까요?
소날: 토요일에는 약속이 있어요. 일요일은 어때요?
민우: 네. 좋아요. 일요일에 가요.

발음
- 맑고 [말꼬]

1)

| 이번 주 |
| 스키장 |
| 눈이 많이 오다 |
| 강원도 |
| 금요일, 토요일 |

2)

3)

스키장 ski resort   강원도 Gangwon-do (Province)

Listening 듣기 8-1

준비 고향은 요즘 날씨가 어때요?
How's the weather in your hometown these days?

듣기 1 제니와 크리스의 대화입니다. 잘 듣고 어울리는 그림을 고르세요.
This is a conversation between Jenny and Chris. Listen carefully and select the picture that illustrates their conversation.

1) ①  ②

2) ①  ②

3) ①  ②

 이야기해 보세요.
Ask your classmates the following questions.

	친구 이름: _____	친구 이름: _____
날씨가 맑아요. 뭐 할 거예요?		
비가 와요. 뭐 할 거예요?		
눈이 와요. 뭐 할 거예요?		

준비 봄/여름/가을/겨울에는 날씨가 어때요?
How's the weather in spring/summer/fall/winter?

듣기 2 에릭과 안나의 대화입니다. 잘 듣고 맞는 것을 연결하세요.
This is a conversation between Eric and Anna. Listen carefully and match their favorite season with the reason.

무슨 계절을 좋아해요? 왜 좋아해요?

1) 안나
2) 에릭

① 봄
② 여름
③ 가을
④ 겨울

ⓐ 따뜻해요.
ⓑ 시원해요.
ⓒ 산이 예뻐요.
ⓓ 수영을 해요.
ⓔ 스키를 타요.

 무슨 계절을 좋아해요? 그 계절에 뭐 해요?
What's your favorite season? What do you do during that season?

수영해요.
수영장에 가요.
수박을 먹어요.
날씨가 더워요.

봄 여름
가을 겨울

저는 여름을 좋아해요. 여름에는 날씨가 더워요.
저는 보통 친구들하고 수영장에 가요.
수영장에서 수영하고 수박을 먹어요.
여러분은 무슨 계절을 좋아해요?

예뻐요 It's pretty

토요일에는 비가 오고 조금 추워요
It's going to rain and will be a bit cold on Saturday

춥다

덥다

어렵다

쉽다

춥다 to be cold   덥다 to be hot   어렵다 to be difficult   쉽다 to be easy

이야기해 보세요

▶ 오늘 날씨가 추워요?
▶ 떡볶이가 어때요?

무겁다

가볍다

맵다

무섭다

귀엽다

 무겁다 to be heavy　　가볍다 to be light　　맵다 to be spicy　　무섭다 to be scary
귀엽다 to be cute

Reading 읽기 8-2

준비 오늘 날씨가 어때요?
What's the weather like today?

읽기 1 제니와 닛쿤의 메시지입니다. 잘 읽고 맞는 것을 고르세요.
These text messages are between Jenny and Nichkhun. Read carefully and choose the correct statement.

닛쿤: 제니 씨, 방학에 뭐 했어요?
제니: 언니하고 스키장에 갔어요. 정말 재미있었어요.
닛쿤: 아, 제니 씨는 스키를 잘 타요?
제니: 아니요. 처음 탔어요. 그래서 조금 **무서웠어요**. 닛쿤 씨는 스키를 타요?
닛쿤: 아니요. 저는 스키를 **못 타요**.

① 제니는 스키를 아주 잘 타요.
② 제니는 언니하고 스키를 탔어요.
③ 닛쿤은 방학에 스키를 배울 거예요.

읽기 2 자밀라의 일기입니다. 잘 읽고 질문에 답해 보세요.
This is Jamila's diary. Read carefully and answer the questions.

4월 3일 토요일

오늘은 날씨가 정말 좋았어요. 하늘이 맑고 따뜻했어요. 저는 한강에서 민우 씨를 만났어요. 그리고 민우 씨의 강아지하고 놀았어요. 강아지가 정말 **귀여웠어요**.

7월 28일 월요일

지난주 금요일부터 계속 비가 왔어요. 그래서 밖에 **못 나가고** 집에서 영화 〈오늘 밤 2〉를 봤어요. 영화가 아주 **무서웠어요**. 그래서 밤에 **못 잤어요**.

10월 8일 금요일

학교에서 한국어 시험을 봤어요. 시험이 **어려웠어요**.
시험이 끝나고 에릭 씨하고 같이 떡볶이를 먹었어요. 떡볶이가 **매웠어요**. 그래서 많이 **못 먹었어요**.

2월 4일 수요일

오늘은 눈이 많이 오고 바람이 불었어요. 저는 아야나 씨하고 사진을 찍었어요. 날씨가 **추웠어요**. 하지만 정말 재미있었어요.

1 날씨가 어땠어요? 알맞은 것을 연결하세요.

① 4월 3일 토요일　　② 7월 28일 월요일　　③ 2월 4일 수요일

2 맞는 것을 고르세요.

① 자밀라의 강아지가 귀여웠어요.
② 자밀라는 겨울에 밖에 못 나갔어요.
③ 자밀라는 떡볶이를 많이 못 먹었어요.

 이야기해 보세요.
Talk about the following with your partner.

요즘 고향은 날씨가 어때요?
무슨 계절이에요?

고향에서는
봄/여름/가을/겨울에 뭐 해요?

문법과 표현　'ㅂ' 불규칙　☞ 34쪽
　　　　　못 동　☞ 35쪽

방학 (school) break　　스키(를) 타다 to ski　　처음 for the first time　　하늘 sky　　강아지 puppy　　계속 continuously
나가다 to go out　　시험 test　　하지만 but

준비 그림을 보고 써 보세요.
Write sentences that describe the pictures.

보기 | 태국은 요즘 덥고 비가 와요. 사람들은 바다에서 수영을 해요.

1) _____
2) _____
3) _____

쓰기 여러분의 고향은 지금 무슨 계절이에요? 사람들은 보통 뭘 해요? 보기 와 같이 써 보세요.
What's the season in your hometown now? What do people usually do? Write a passage as shown below.

보기 | 제 고향은 방콕이에요. 방콕은 항상 날씨가 더워요. 사람들은 보통 바다에서 수영을 해요. 그리고 밤에 시장에서 음식을 먹고 쇼핑해요. 여러분은 태국 음식을 좋아해요? 우리 다음에 같이 태국에 갈까요?

방콕 Bangkok   다음 next

특별한 계절 축제를 계획해 보세요.
Plan a special seasonal festival.

1 여러분은 무슨 계절을 좋아해요? 왜 좋아해요? 이야기해 보세요.
What's your favorite season and why? Talk with your partner.

> 저는 봄을 좋아해요.
> 봄은 따뜻하고 꽃도 많아요.

2 여러분 고향에는 계절 축제가 있어요? 이야기해 보세요.
Are there seasonal festivals in your hometown? Talk with your partner.

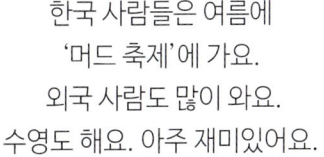

> 한국 사람들은 여름에
> '머드 축제'에 가요.
> 외국 사람도 많이 와요.
> 수영도 해요. 아주 재미있어요.

3 친구들과 특별한 축제를 계획해 보세요.
Plan a special festival with your classmates.

언제 할 거예요?	봄/여름/가을/겨울	........월
어디에서 할 거예요?		
뭘 할 거예요?		

4 축제 포스터를 만들어 보세요.
Create a festival poster.

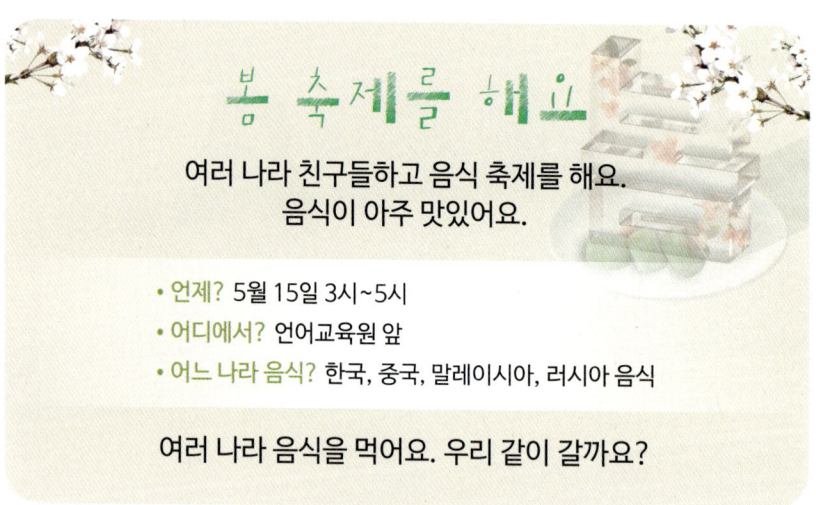

봄 축제를 해요

여러 나라 친구들하고 음식 축제를 해요.
음식이 아주 맛있어요.

- 언제? 5월 15일 3시~5시
- 어디에서? 언어교육원 앞
- 어느 나라 음식? 한국, 중국, 말레이시아, 러시아 음식

여러 나라 음식을 먹어요. 우리 같이 갈까요?

5 축제를 소개해 보세요.
Introduce the festival.

우리는 음식 축제를 할 거예요. 5월에 할 거예요.
5월은 따뜻해요. 학교에 여러 나라 친구들이 있어요.
중국 사람, 말레이시아 사람, 러시아 사람이 있어요.
우리는 요리를 할 거예요. 그리고 친구들하고 같이 먹을 거예요.
언어교육원 앞에서 할 거예요. 5월 15일 3시에 만나요.

문화 Culture

● 계절 음식

한국에는 계절 음식과 간식이 있어요.
여름에 자주 먹는 음식도 있고 겨울에 자주 먹는 음식도 있어요.
여러분 나라에도 계절 음식이 있어요?

팥빙수

삼계탕   냉면

호떡

붕어빵

발음 Pronunciation

겹받침 'ㄺ'은 자음 'ㄱ' 앞에서는 [ㄹ]로 발음합니다. 단, '맑다[막따]', '읽다[익따]'와 같이 다른 자음 앞에서는 [ㄱ]으로 발음합니다.
When the final double consonant 'ㄺ' is followed by 'ㄱ,' it is pronounced as [ㄹ]. However, if it's followed by other consonants like in the case of '맑다[막따]' and '읽다[익따],' it is pronounced as [ㄱ].

예 가: 오늘 날씨가 어때요?   가: 어제 뭐 했어요?
　 나: 맑고 시원해요.   　 나: 책을 읽고 쉬었어요.

자기 평가 Self-Check

☐ 어제 날씨가 어땠어요?
☐ 고향은 요즘 날씨가 어때요?
☐ 날씨가 좋아요. 주말에 뭐 할까요?

서울대 한국어+

1A

부록 Appendix

활동지 Activity Sheets
번역 Translation
듣기 지문 Listening Script
모범 답안 Answer Key
어휘 색인 Glossary

1. 인사

이름: 하이
국적: 베트남
직업: 회사원

이름: 다니엘
국적: 미국
직업: 대학원생

이름: 제니
국적: 미국
직업: 학생

이름: 에릭
국적: 프랑스
직업: 운동선수

이름: 나나
국적: 중국
직업: 선생님

이름: 소날
국적: 인도
직업: 프로그래머

이름: 김민우
국적: 한국
직업: 대학생

이름: 안나
국적: 러시아
직업: 화가

이름: 크리스
국적: 호주
직업: 요리사

이름: 이유진
국적: 한국
직업: 회사원

2. 교실과 방

그림 B

	인터뷰 질문	그림 A
1	소파가 있어요?	
2	침대가 있어요?	
3	책상이 있어요?	
4	의자가 있어요?	
5	시계가 있어요?	
6	거울이 있어요?	
7	노트북이 있어요?	
8	_____?	

3. 가게

A 어디에 있어요?

B 어디에 있어요?

A 사세요.

B 사세요.

4. 일상생활

| 식당 | 영화관 | 학교 | 회사 |

| 도서관 | 시장 | 스포츠 센터 | 약국 |

| 회사 | 공원 | 백화점 | 서점 |

| 좋아하다 | 운동하다 | 만나다 | 공부하다 |

| 사다 | 읽다 | 보다 | 먹다 |

| 마시다 | 배우다 |

Translation / 번역

말하기 Speaking

1. 인사 Greetings

❶ I'm Yujin Lee.
I'm Chris.

❷ 가: Hello, I'm Mari.
나: Hello, I'm Daniel.
가: Nice to meet you, Daniel.
나: Nice to meet you.

❸ Jenny: Hello, I'm Jenny.
Eric: Hello, I'm Eric.
Jenny: Nice to meet you, Eric.
Eric: Nice to meet you. What country are you from?
Jenny: I'm an American.

2. 교실과 방 Classroom & Room

❶ 가: What is this?
나: This is a Korean book.

❷ 가: Is this your bag, Jenny?
나: Yes, it's my bag.
가: Whose book is that?
나: That's Julian's book.

❸ Teacher: Whose notebook is this?
Daniel: It's my notebook.
Teacher: Is this Nana's ballpoint pen?
Nana: No, it's not my ballpoint pen.
Daniel: Teacher, that's my ballpoint pen.

3. 가게 Store

❶ 가: Welcome.
나: Do you have cake?
가: Yes, we have strawberry and chocolate cake.

❷ 가: What is this?
나: This is chocolate bread.
가: I would like this bread.
나: Yes, here you go.

❸ Employee: Welcome.
Nichkhun: Do you have juice?
Employee: Yes, orange juice and strawberry juice.
Nichkhun: Then, I'll have orange juice.
Employee: Here you go.

4. 일상생활 Everyday Life

❶ 가: What is Jenny doing now?
나: Studying. What is Theo doing?
가: Theo is drinking coffee.

❷ 가: Daniel, where are you now?
나: I'm at home.
가: What are you doing?
나: I'm eating.

❸ Anna: Eric, are you at home now?
Eric: No, I'm at a cafe.
Anna: Are you meeting a friend?
Eric: Yes, I'm having coffee with a friend. What are you doing?
Anna: I'm at home reading a book.

5. 식당 Restaurant

❶ 가: This is the student restaurant.
나: Oh, really?
가: I come here often. The food is delicious.

❷ 가: Eric, are you going to the restaurant today?
나: No, I'm not going to the restaurant.
가: Then, where are you going to eat?
나: I'm going to eat at home.

❸ Daniel: Yujin, what's good here?
Yujin: Their coffee is good. Do you like coffee?
Daniel: No, I don't drink coffee.
Yujin: Then, what do you like?
Daniel: I like tea. I drink green tea regularly.

6. 날짜와 요일 Dates & Days of the Week

❶ 가: Eric, what are you doing on Friday?
나: I'm meeting up with friends. What about you, Yujin?
가: I'm going to relax at home.

❷ 가: Are you exercising today?
나: Yes, I am.
가: Are you exercising tomorrow?
나: No, I'm not exercising tomorrow.

❸ Daniel: Jenny, what are you doing on Saturday?
Jenny: I'm going to relax at home and exercise at the Sports Center.
Daniel: You're going to the Sports Center on Saturday?
Jenny: Yes, I like exercising. What are you going to do?
Daniel: I'm going to learn Taekwondo at school. I like exercising too.

7. 시간 Time

① 가: Hai, what time do you usually wake up?
나: I wake up at 8 am.
가: Really? I wake up at 8 am too. Then what time do you sleep?
나: I sleep around 11 pm.

② 가: Jenny, what are you doing tomorrow?
나: I have a yoga class.
가: What time is the yoga class?
나: It's from 6 pm to 7 pm.

③ Enkh: What are you doing tomorrow?
Jenny: I'm going to Insa-dong with Chris. We have a cooking class.
Enkh: Oh, really? When's the cooking class?
Jenny: It's from 4 pm to 5 pm. What are you doing tomorrow, Enkh?
Enkh: I'm going to the mountains in the morning and meeting friends in the evening.

8. 날씨 Weather

① 가: Shall we go on a walk?
나: Sure, but what's the weather like today?
가: It's sunny.

② 가: Eric, the weather's nice today. How about playing basketball?
나: Sounds good. Where should we play?
가: Let's go to Seoul Park.
나: Okay, I'll see you later.

③ Sonal: Minwoo, shall we go to a pool this weekend?
Minwoo: Sure. The weather's sunny and nice. Where's the pool?
Sonal: It's at Hangang Park.
Minwoo: Okay, should we go on Saturday?
Sonal: I have plans on Saturday. How about Sunday?
Minwoo: Perfect. Let's go on Sunday.

문화 Culture

1. 인사 Greetings

How do you greet people in your country?
When Koreans meet for the first time, they bow to say hello.
How do you greet people in your country? Practice with your partner.

2. 교실과 방 Classroom & Room

What's the Wi-Fi password?
Free Wi-Fi is offered on buses, subways, and even coffee shops in Korea. If you don't know the Wi-Fi and password, you can ask "와이파이 아이디가 뭐예요?" or "와이파이 비밀번호가 뭐예요?"

3. 가게 Store

What is at the convenience store?
This is a convenience store. In Korea, convenience stores are usually open 24 hours.
They carry drinks and snacks to pens and umbrellas.

4. 일상생활 Everyday Life

These paintings were painted by Kim Hong-do.
Kim Hong-do painted many paintings of people's everyday lives.

5. 식당 Restaurant

Do you know about Korean money?
Do you have Korean coins and bills in your wallet?

6. 날짜와 요일 Dates & Days of the Week

Culture Day, the last Wednesday of the month
The last Wednesday of every month is 'Culture Day.'
You can receive discounts at movie theaters, concerts, sports stadiums, and exhibitions.
Where do you want to go for this month's 'Culture Day'?

7. 시간 Time

What do you do on the weekends?
Koreans go camping a lot on the weekends.
At the campsite, you can look over the Han River, have a BBQ party, and play in the water.
Go to a campsite over the weekend and take pictures.

8. 날씨 Weather

Seasonal Food
There are seasonal foods and snacks in Korea.
There are foods Koreans often eat in the summer and winter.
Are there seasonal foods in your country?

1. 인사 Greetings

① 여: 안녕하세요? 저는 나나예요.
남: 안녕하세요? 저는 테오예요. 나나 씨는 어느 나라 사람이에요?
여: 저는 중국 사람이에요.
남: 아, 네. 저는 브라질 사람이에요. 만나서 반가워요.

② 남1: 만나서 반가워요. 저는 에릭이에요. 프랑스 사람이에요.
여: 여러분 안녕하세요? 저는 마리예요. 일본 사람이에요.
남2: 반가워요. 저는 닛쿤이에요. 태국에서 왔어요.

2. 교실과 방 Classroom & Room

① 1) 여: 이거는 뭐예요?
남: 볼펜이에요.

2) 여: 그거는 뭐예요?
남: 공책이에요.

3) 여: 저거는 시계예요?
남: 네. 시계예요.

② 여: 이거 에릭 씨의 공책이에요?
남: 아니요. 제 공책이 아니에요. 제 공책은 저거예요.
여: 그럼 이거는 누구의 공책이에요?
남: 아야나 씨 공책이에요.

3. 가게 Store

① 남: 저기요. 망고 빙수 있어요?
여: 아니요. 없어요.
남: 그럼 뭐가 있어요?
여: 딸기 빙수하고 키위 빙수가 있어요.
남: 딸기 빙수 하나 주세요.

② 여: 민우 씨, 여기는 어디예요?
남1: 우리 학교 문구점이에요.
여: 아, 그럼 학교 공책하고 볼펜이 있어요?
남1: 네, 있어요.
남2: 어서 오세요.
여: 공책 하나하고 볼펜 하나 주세요.
남2: 네. 여기 있어요.
여: 감사합니다.

4. 일상생활 Everyday Life

① 여: 민우 씨, 지금 어디에 있어요?
남: 편의점에 있어요.
여: 뭐 사요?

남: 우유를 사요. 제니 씨는 뭐 해요?
여: 저는 집에 있어요. 커피를 마셔요.

② 여: 테오 씨, 지금 뭐 해요?
남: 숙제해요.
여: 학교에 있어요?
남: 아니요. 기숙사에 있어요. 아야나 씨는 어디에 있어요?
여: 저는 유진 씨 집에 있어요. 유진 씨하고 같이 요리를 해요.
남: 한국 요리를 해요?
여: 아니요. 오늘은 말레이시아 요리를 해요.

5. 식당 Restaurant

① 남: 어서 오세요.
여: 치즈김밥 있어요?
남: 네. 있어요. 아주 맛있어요.
여: 그럼 치즈김밥 하나하고 라면 둘 주세요.

② 남: 와, 사람이 많아요. 제니 씨, 여기는 뭐가 맛있어요?
여: 우동이 아주 맛있어요. 하이 씨, 우동 좋아해요?
남: 네. 좋아해요. 그런데 여기 음식이 비싸요?
여: 아니요. 아주 싸요.
  여기요. 우동 둘 주세요.

6. 날짜와 요일 Dates & Days of the Week

① 1) 남: 월요일에 뭐 해요?
여: 한국어를 배워요.

2) 남: 토요일에 뭐 해요?
여: 저는 책을 읽어요.

3) 남: 무슨 요일에 친구를 만나요?
여: 수요일에 만나요. 그리고 노래방에 가요.

4) 남: 금요일에도 운동해요?
여: 아니요. 금요일에는 운동 안 해요. 아르바이트를 해요.

② 여: 하이 씨, 오늘 도서관에 가요?
남: 네. 오늘도 숙제가 많아요.
여: 혼자 가요?
남: 아니요. 제니 씨하고 같이 가요.
여: 도서관에서 뭐 해요?
남: 숙제해요. 그리고 한국어 책도 읽어요. 나나 씨는 뭐 해요?
여: 저는 친구를 만나요. 친구하고 영화를 봐요.

7. 시간 Time

❶
남: 마리 씨, 내일 시간이 있어요?
여: 아니요. 내일은 시간이 없어요. 일본어 수업이 있어요.
남: 요즘도 일본어를 가르쳐요?
여: 네. 화요일하고 목요일에 가르쳐요.
남: 수업이 몇 시부터예요?
여: 2시부터 4시까지예요.

❷
여: 저는 보통 7시에 일어나요. 7시 30분부터 8시까지 집에서 운동해요. 저는 아침을 안 먹어요. 커피 한 잔만 마셔요. 그리고 8시 30분에 학교에 가요. 9시부터 1시까지 한국어를 배워요. 한국어 수업은 정말 재미있어요. 저녁 5시부터 6시까지 숙제를 해요. 주말에는 이태원에서 구경을 해요. 그리고 쇼핑도 해요. 저는 한국 생활이 정말 좋아요.

8. 날씨 Weather

❶
1) 남: 오늘 날씨가 어때요?
   여: 지금 흐려요. 오후부터 비가 올 거예요.

2) 남: 날씨가 따뜻하고 좋아요.
   여: 우리 여기에서 사진을 찍을까요?
   남: 네. 찍어요.

3) 여: 아직 눈이 와요?
   남: 네. 눈이 많이 와요.
   여: 그래요? 오늘은 집에 있을까요?
   남: 네. 집에서 쉬어요.

❷
남: 안나 씨는 무슨 계절을 좋아해요?
여: 저는 가을이 좋아요.
남: 왜 가을이 좋아요?
여: 날씨도 시원하고 산도 예뻐요. 그래서 가을에 사진을 많이 찍어요. 에릭 씨도 가을을 좋아해요?
남: 아니요. 저는 여름하고 겨울이 좋아요. 여름에는 수영을 하고 겨울에는 스키를 타요. 너무 재미있어요.
여: 저도 스키를 좋아해요.
남: 그래요? 그럼 이번 방학에 우리 같이 스키장에 갈까요?
여: 좋아요. 같이 가요.

Answer Key
모범 답안

1. 인사 Greetings

듣기 1

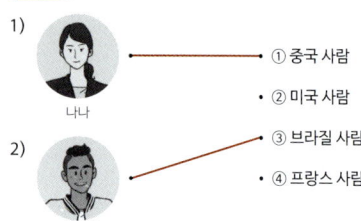
1) 나나 — ① 중국 사람
2) 테오 — ③ 브라질 사람

듣기 2 ②

읽기 1 ②
읽기 2 ③

2. 교실과 방 Classroom & Room

듣기 1

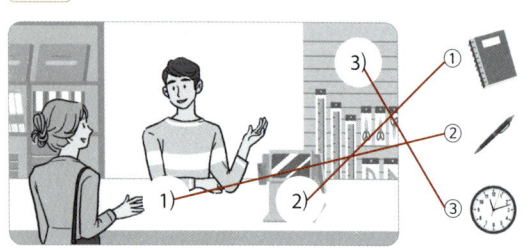

듣기 2 1) × 2) ○

읽기 1
1 ②
2 1) × 2) ○

읽기 2
1) 📘 — ① 아야나
2) 🧽 — ② 크리스

3. 가게 Store

듣기 1 1) ○ 2) ×
듣기 2 ③

읽기 1
1 ②
2 1) ○ 2) ×

읽기 2 ①

4. 일상생활 Everyday Life

듣기 1 1) × 2) ○
듣기 2 ③

읽기 1 1) ○ 2) ×
읽기 2 ③

5. 식당 Restaurant

듣기 1 1) ○ 2) ×
듣기 2 ①

읽기 1 ②
읽기 2
1 ②
2 ③

6. 날짜와 요일 Dates & Days of the Week

듣기 1

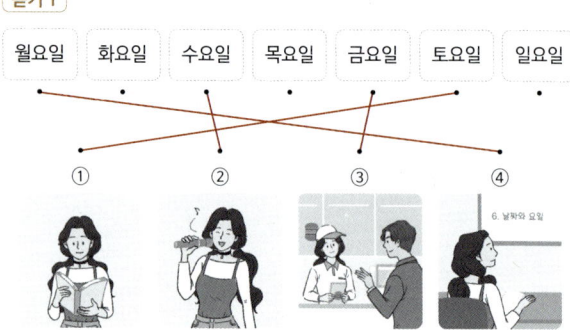

듣기 2 1) ○ 2) ×

읽기 1 ③
읽기 2
1 ②, ③
2 ②

7. 시간 Time

듣기 1
1 1) × 2) ○
2 2시, 4시

듣기 2
1 ②
2 1) × 2) ○

읽기 1 ①

읽기 2 1
2 ③

8. 날씨 Weather

듣기 1 1) ②   2) ①   3) ①

듣기 2

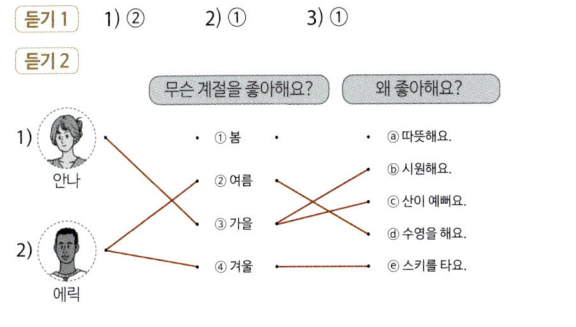

읽기 1 ②

읽기 2 1 ① 4월 3일 토요일   ② 7월 28일 월요일   ③ 2월 4일 수요일

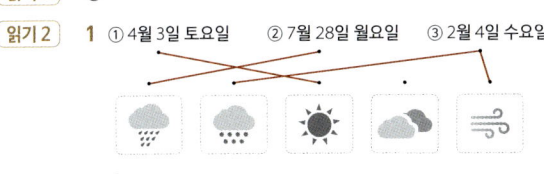

2 ③

Glossary 어휘 색인

ㄱ

가게	store	58
가다	to go	78
가르치다	to teach	113
가방	bag	39
가볍다	to be light	141
가수	singer	29
가을	fall/autumn	135
갈비탕	short rib soup	87
강남	Gangnam	62
강아지	puppy	143
강원도	Gangwon-do (Province)	137
같이	together	75
거기	there	60
거울	mirror	49
겨울	winter	135
경복궁	Gyeongbokgung Palace	127
계속	continuously	143
계절	season	135
골프 치다	to play golf	125
공부하다	to study	71
공원	park	77
공책	notebook	39
과일	fruit	54
교실	classroom	38
구경하다	to watch	109
구월	September	108
귀엽다	to be cute	141
그래서	so	94
그런데	but/by the way	91, 111
그럼	then	43
그리고	and	78
근처	nearby	122
금요일	Friday	102
기숙사	dorm(itory)	46
기자	reporter	28
김밥	gimbap	87
김치	gimchi	87
김치찌개	gimchi stew	87

| 깨끗하다 | to be clean | 86 |

ㄴ

나가다	to go out	143
나라	country	22
날씨	weather	134
날짜	date	111
내일	tomorrow	79, 102
냉면	cold noodles	87
냉장고	refrigerator	45
네	Yes	26
넷	four	55
노래방	noraebang (singing room)	106
노트북	laptop	45
녹차	green tea	56
농구하다	to play basketball	125
누구	who	40
눈이 오다	to snow	134
늦게	late	119

ㄷ

다섯	five	55
다음	next	144
다음 주	next week	103
대사관	embassy	112
대학생	college student	28
대학원생	grad(uate) student	31
덥다	to be hot	140
도서관	library	76
둘	two	55
뒤	back	61
들	-s/-es/-ies (plural)	78
등산하다	to hike	109
따뜻하다	to be warm	134
딸기	strawberry	54
떡볶이	spicy rice cakes	87

ㄹ

| 라면 | ramen/instant noodles | 90 |

러시아	Russia	22
러시아 사람	Russian	23
룸메이트	roommate	31

ㅁ

마시다	to drink	71
만나다	to meet	70
많다	to have many	86
많이	a lot/many	79, 119
말레이시아	Malaysia	22
말레이시아 사람	Malaysian	23
맑다	to be sunny	134
맛없다	to not be delicious	86
맛있다	to be delicious	86
망고	mango	58
매일	every day	78
맵다	to be spicy	141
먹다	to eat	70
먼저	first	127
메뉴	menu	92
메일	email	32
며칠	what date	108
명동	Myeong-dong	79
모두	all	94
목요일	Thursday	102
몽골	Mongolia	22
몽골 사람	Mongolian	23
무겁다	to be heavy	141
무섭다	to be scary	141
무슨	what	106
문구점	stationery store	59
물	water	54
뭐	what	31
미국	United States of America	22
미국 사람	American	23
밑	bottom	61

ㅂ

바나나	banana	62
바다	beach	111
바람이 불다	to be windy	134
밖	outside	61
반	class	78
(만나서) 반가워요	Nice to meet you	24
밤	night	128
밥	meal	111
방	room	44
방콕	Bangkok	144
방학	(school) break	143
배우	actor/actress	28
배우다	to learn	71
백화점	department store	77
베트남	Vietnam	22
베트남 사람	Vietnamese	23
병원	hospital	76
보다	to see/look	70
보통	usually	111
볼펜	ballpoint pen	39
봄	spring	135
부산	Busan	111
부엌	kitchen	44
불고기	bulgogi	87
브라질	Brazil	22
브라질 사람	Brazilian	23
비가 오다	to rain	134
비빔밥	bibimbap	87
비싸다	to be expensive	86
빌리다	to rent	127
빙수	shaved ice	56
빨래하다	to do laundry	109
빨리	quickly	119
빵	bread	54
빵집	bakery	73

ㅅ

사과	apple	54
사다	to buy	70
사람	person	23

사월	April	108
사이다	soda	92
사진을 찍다	to take a photo	109
산책하다	to take a walk	109
삼겹살	samgyeopsal	87
삼월	March	108
샌드위치	sandwich	54
생활	life	123
샤워하다	to shower	118
서울	Seoul	62
서울대학교	Seoul National University	46
서점	bookstore	77
선생님	teacher	28
세수하다	to wash one's face	118
세탁기	washing machine	45
셋	three	55
소파	sofa	49
쇼핑	shopping	80
쇼핑하다	to shop	109
수박	watermelon	54
수업	class	122
수업이 끝나다	class is over	124
수영하다	to swim	125
수요일	Wednesday	102
숙제하다	to do homework	75
쉽다	to be easy	140
스키(를) 타다	to ski	143
스키장	ski resort	137
스파게티	spaghetti	92
스포츠 센터	sports center	77
시간	time	103
시계	clock	38
시원하다	to be cool	134
시월	October	108
시장	market	77
시험	test	143
시험이 끝나다	test is over	124
식당	restaurant	76
십이월	December	108
십일월	November	108
싸다	to be inexpensive	86
씨	Mr./Mrs./Ms./Miss	24

ㅇ

아니요	No	31
아래	bottom	61
아르바이트하다	to work part-time	70
아이스크림	ice cream	56
아주	very	90
아침	morning	103
아홉	nine	55
안	inside	61
안경	(eye)glasses	62
안녕하세요	Hello	24
앞	front	61
야구하다	to play baseball	125
약국	pharmacy	76
약속	plans	104
어느	which	25
어디	where	59
어때요	How is it	136
어렵다	to be difficult	140
어서 오세요	Welcome	56
어제	yesterday	102
언제	when	111
에어컨	air conditioner (AC)	45
여기	here	48, 60
여기 있어요	Here you go	57
여덟	eight	55
여러분	everyone	32
여름	summer	135
여섯	six	55
여행하다	to travel	124
연필	pencil	39
열	ten	55
영화	movie	79
영화관	movie theater	76
옆	next	61

예뻐요	It's pretty	139
오늘	today	75, 102
오다	to come	79
오렌지	orange	57
오월	May	108
옷	clothes	80
옷걸이	hanger	46
옷을 입다	to wear clothes	118
와이파이	Wi-Fi	50
요가	yoga	120
요리	cooking	75
요리사	chef	29
요리하다	to cook	118
요일	day of the week	106
요즘	these days	122
우동	udon	91
우리	our	48
우리	we	78
우유	milk	54
우체국	post office	76
운동선수	athlete	29
운동하다	to exercise	71
월	month	108
월요일	Monday	102
위	top	61
유월	June	108
은행	bank	77
음료수	drink	54
음식	food	54
의사	doctor	28
의자	chair	38
이따	later	136
이를 닦다	to brush one's teeth	118
이름	name	31
이번 주	this week	103
이야기하다	to talk	118
이월	February	108
이태원	Itaewon	111
인도	India	26

인사동	Insa-dong	111
일	day	108
일곱	seven	55
일본	Japan	22
일본 사람	Japanese	23
일어나다	to get up	118
일요일	Sunday	102
일월	January	108
일찍	early	119
일하다	to work	71
읽다	to read	71

ㅈ

자다	to sleep	72
자주	often	88
재미없다	to not be fun	86
재미있다	to be fun	86
저	I (formal)	24
저기	(over) there	48, 60
저녁	evening	103
전화하다	to call	70
점심	afternoon	103
정말	really	127
제	my (formal)	31
제주도	Jeju Island	111
조금	a little	119
좋다	to be good	86
좋아하다	to like	70
주말	weekend	102
주소	address	32
주스	juice	54
중국	China	22
중국 사람	Chinese	23
중국어로	in Chinese	42
지금	now	72
지난주	last week	103
지우개	eraser	39
직업	occupation	31
직원	employee	88

집	house	44
쯤	about/approximately	120

ㅊ

차	tea	54
창문	window	38
책	book	39
책상	desk	38
처음	for the first time	143
천천히	slowly	119
청소하다	to clean	109
초콜릿	chocolate	56
축구하다	to play soccer	125
춥다	to be cold	140
치즈김밥	cheese gimbap	90
친구	friend/classmate	27
친절하다	to be friendly	86
칠월	July	108
침대	bed	45

ㅋ

캠핑을 하다	to go camping	124
캠핑장	campsite	127
커피	coffee	54
컴퓨터	computer	38
케이크	cake	56
콜라	cola	92
키위	kiwi	57

ㅌ

태국	Thailand	27
태권도	Taekwondo	104
테니스장	tennis court	136
테니스 치다	to play tennis	125
텔레비전	television (TV)	45
토요일	Saturday	102

ㅍ

판	counter for a whole pizza	94
팔월	August	108
편의점	convenience store	62
평일	weekday	102
프랑스	France	22
프랑스 사람	French	23
프로그래머	programmer	29
피자	pizza	92
필통	pencil case	39

ㅎ

하고	with	73
하나	one	55
하늘	sky	143
하지만	but	143
학교	school	46, 76
학생	student	28
한강	Hangang/Han River	127
한국	Korea	22
한국 사람	Korean	23
한국어	Korean (language)	40
한국어로	in Korean	42
한복	hanbok	127
항상	always	111
햄	ham	57
햄버거	hamburger	92
호주	Australia	27
혼자	alone	80
화요일	Tuesday	102
화장실	bathroom	44
화장하다	to put on makeup	118
회사	company	77
회사원	office worker	29
회의하다	to hold a meeting	121
휴대폰	cell phone	39
흐리다	to be cloudy	134
힘들다	to be hard/tough	130

집필진 Authors

장소원
Chang Sowon
- 서울대학교 국어국문학과 교수
  Seoul National University Professor at the Department of Korean Language & Literature
- 파리 5대학교 언어학 박사
  Ph.D. in Linguistics, University of Paris 5

김수영
Kim Sooyoung
- 서울대학교 언어교육원 대우교수
  Seoul National University LEI Professor
- 한국외국어대학교 프랑스어학 박사
  Ph.D. in French Linguistics, Hankuk University of Foreign Studies

김미숙
Kim Misook
- 서울대학교 언어교육원 대우전임강사
  Seoul National University LEI Full-time Instructor
- 이화여자대학교 한국학 박사(한국어교육)
  Ph.D. in Korean Studies (Teaching Korean as a Foreign Language), Ewha Womans University

백승주
Baek Seungjoo
- 서울대학교 언어교육원 대우전임강사
  Seoul National University LEI Full-time Instructor
- 이화여자대학교 한국학 박사(한국어교육)
  Ph.D. in Korean Studies (Teaching Korean as a Foreign Language), Ewha Womans University

번역 Translator

이수잔소명
Lee Susan Somyung
- 통번역가
  Translator & Interpreter
- 서울대학교 한국어교육학 석사
  M.A. in Korean Language Education as a Foreign Language, Seoul National University

번역 감수 Translation Supervisor

손성옥
Sohn Sung-Ock
- UCLA 아시아언어문화학과 교수
  UCLA Professor at the Department of Asian Languages & Cultures

감수 Supervisor

김은애
Kim Eun Ae
- 전 서울대학교 언어교육원 대우교수
  Former Seoul National University LEI Professor

자문 Consultants

한재영
Han Jae Young
- 한신대학교 명예교수
  Hanshin University Honorary Professor

최은규
Choi Eunkyu
- 전 서울대학교 언어교육원 대우교수
  Former Seoul National University LEI Professor

도와주신 분들 Contributing Staff

- 디자인 Design (주)이츠북스 ITSBOOKS
- 삽화 Illustration (주)예성크리에이티브 YESUNG Creative
- 녹음 Recording 미디어리더 Media Leader

서울대 한국어+
Student's Book 1A

초판 1쇄 발행 2022년 9월 22일
초판 6쇄 발행 2025년 9월 5일

지은이   서울대학교 언어교육원

펴낸곳   서울대학교출판문화원
주소   08826 서울 관악구 관악로 1
도서주문   02-889-4424, 02-880-7995
홈페이지   www.snupress.com
페이스북   @snupress1947
인스타그램 @snupress
이메일   snubook@snu.ac.kr
출판등록   제15-3호

ISBN 978-89-521-3117-1 04710
     978-89-521-3116-4 (세트)

ⓒ 서울대학교 산학협력단 · 2022

이 책과 음원은 저작권법에 의해서 보호를 받는 저작물이므로
무단 전재와 복제를 금합니다.

Written by Language Education Institute, Seoul National University
Published by Seoul National University Press

Copyright ⓒ Seoul National University R&DB Foundation 2022

All rights reserved. No part of this publication may be reproduced in any form
without the written permission from publisher.

서울대 한국어＋

Student's Book 1A

한글 배우기
Learning the Korean Alphabet

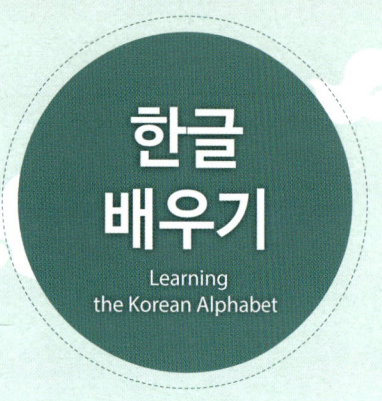

한글 배우기
Learning the Korean Alphabet

한글 소개
Introduction to Hangeul

한글 ❶ Hangeul ❶

- 모음 1 Vowels 1
  ㅏ, ㅓ, ㅗ, ㅜ, ㅡ, ㅣ

- 자음 1 Consonants 1
  ㄱ, ㄴ, ㄷ, ㄹ, ㅁ,
  ㅂ, ㅅ, ㅇ, ㅈ, ㅎ

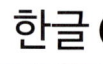

한글 ❷ Hangeul ❷

- 모음 2 Vowels 2
  ㅑ, ㅕ, ㅛ, ㅠ

- 자음 2 Consonants 2
  ㅋ, ㅌ, ㅍ, ㅊ

- 자음 3 Consonants 3
  ㄲ, ㄸ, ㅃ, ㅆ, ㅉ

한글 소개
Introduction to Hangeul

1 한글과 세종대왕을 아세요?
Do you know Hangeul and King Sejong the Great?

한글은 조선의 4대 왕인 세종대왕이 창제한 한국의 고유 문자입니다. 한글이 만들어지기 전까지 우리말을 표기할 고유한 문자가 없어서 한자를 빌려 사용했습니다. 하지만 일반 백성들은 한자를 배우기가 어려워 억울한 일을 당하는 경우가 많았습니다. 이를 안타깝게 여긴 세종대왕은 집현전 학자들과 함께 누구나 쉽게 배우고 사용할 수 있는 '훈민정음'을 창제하게 되었습니다. '훈민정음'은 '백성을 가르치는 바른 소리'라는 뜻으로 그 창제 목적과 제자 원리 등은 책 『훈민정음』에 기록되어 있습니다. 책 『훈민정음』의 '해례본'은 음운학적 문자 창제 원리로서의 가치를 인정받아 1997년 유네스코(UNESCO) 세계기록유산에 등재되었습니다.

Hangeul, the Korean alphabet, was created by King Sejong the Great, the fourth king of the Joseon dynasty. Before the creation of Hangeul, Koreans borrowed Chinese characters for their writing system because they were without their own. However, the commoners often suffered injustices due to the difficulty of learning Chinese characters. Saddened by this, King Sejong the Great, with the help of Jiphyeonjeon (the Hall of Worthies) scholars, created 'Hunminjeongum' that anyone could conveniently learn and use. Meaning 'the proper sounds to instruct the people,' Hunminjeongum recorded the purpose and principles of Hangeul. In 1997, the Haeryebon Edition of the Hunminjeongum Manuscript was registered as a UNESCO Memory of the World for its value as a phonological writing creation principle.

② 한글의 제자 원리는 무엇일까요?
Do you know the creation principle of Hangeul?

세종대왕 창제 당시의 한글은 자음 17자, 모음 11자로 총 28자였지만 현재는 24자만 사용하고 있습니다. 자음 제자 원리의 가장 큰 특징은 자음의 기본 글자인 'ㄱ, ㄴ, ㅁ, ㅅ, ㅇ'을 발음 기관의 모양을 본떠 만들었다는 점입니다. 자음의 기본 글자인 'ㄱ, ㄴ, ㅁ, ㅅ, ㅇ'을 바탕으로 같은 위치에서 발음되는 자음에 획을 더하거나 같은 자음을 나란히 표기하는 방식으로 현재의 자음 19자가 완성되었습니다.

When Hangeul was created by King Sejong the Great, it had a total of 28 characters consisting of 17 consonants and 11 vowels, but only 24 characters are in use now. The most significant characteristic of the principles of consonants is that the basic consonants 'ㄱ, ㄴ, ㅁ, ㅅ, ㅇ' are modeled after the articulatory shapes of the vocal organs. Based on the basic consonants 'ㄱ, ㄴ, ㅁ, ㅅ, ㅇ,' the current 19 consonants were completed by adding a stroke to a consonant or duplicating it.

조음 위치 articulation location	기본 글자 basic letter	획을 더해서 만든 글자 letter created by adding a stroke	나란히 써서 만든 글자 letter created by duplicating consonant
	ㄱ	ㅋ	ㄱ+ㄱ → ㄲ
	ㄴ	ㄷ ㄹ ㅌ	ㄷ+ㄷ → ㄸ
	ㅁ	ㅂ ㅍ	ㅂ+ㅂ → ㅃ
	ㅅ	ㅈ ㅊ	ㅅ+ㅅ → ㅆ ㅈ+ㅈ → ㅉ
	ㅇ	ㅎ	

모음 제자 원리의 가장 큰 특징은 하늘, 땅, 사람의 모양을 형상화한 기본 글자 '•, ㅡ, ㅣ'를 결합하여 만들었다는 점입니다. '•'는 둥근 하늘, 'ㅡ'는 평평한 땅, 'ㅣ'는 서 있는 사람을 뜻합니다.

The most significant characteristics of the principles of the vowels are that they combine the basic shapes representing the sky, earth, and human. '•' means the round sky, 'ㅡ' the flat ground, and 'ㅣ' a standing person.

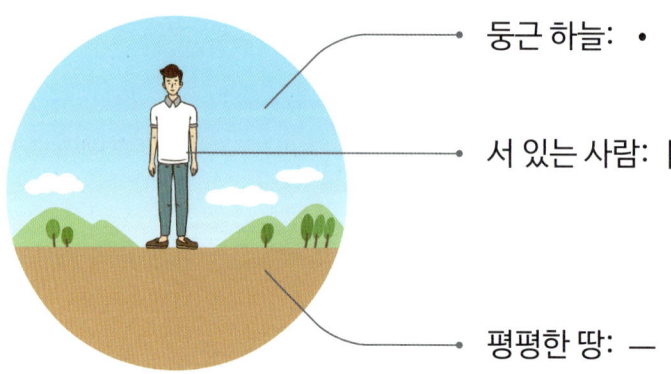

모음은 기본 글자를 조합하는 방식으로 만들어졌으며 창제 당시에는 11자였지만 현재는 총 21자를 사용합니다.

By combining these three basic shapes, all the vowels were created. At the time of the creation of Hangeul, there were only 11 vowels, but a total of 21 are in use today.

이렇게 한글은 최소의 글자로 기본 글자를 만들고 기본 글자에서 획을 더하거나 기본 글자를 나란히 쓰는 등의 방식으로 만들었습니다. 그래서 한글은 배우기 쉽고 쓰기 편한 문자입니다.

Hangeul was created using a minimal number of shapes for the basic letters. Based on those, additional ones were created by adding a stroke or duplicating them. That is why Korean is easy to write and learn.

3. 한글에 대해 좀 더 자세히 알아볼까요?
Shall we learn more about Hangeul?

현재 사용되고 있는 한글은 자음 19자와 모음 21자로 총 40자입니다.
Currently, Hangeul consists of 19 consonants and 21 vowels for a total of 40 main letters.

• 자음 Consonants

글자 letter	ㄱ	ㄴ	ㄷ	ㄹ	ㅁ	ㅂ	ㅅ	ㅇ	ㅈ	ㅎ
음가 sound value	[k/g]	[n]	[t/d]	[r/l]	[m]	[p/b]	[s]	[ø/ŋ]	[ʥ]	[h]
글자 letter	ㅋ	ㅌ				ㅍ			ㅊ	
음가 sound value	$[k^h]$	$[t^h]$				$[p^h]$			$[tʃ^h]$	
글자 letter	ㄲ	ㄸ				ㅃ	ㅆ		ㅉ	
음가 sound value	[k′]	[t′]				[p′]	[s′]		[tʃ′]	

• 모음 Vowels

글자 letter	ㅏ	ㅓ	ㅗ	ㅜ	ㅡ	ㅣ	ㅐ	ㅔ	ㅚ	ㅟ
음가 sound value	[a]	[ə]	[o]	[u]	[ɨ]	[i]	[ɛ]	[e]	[ö/we]	[ü/wi]
글자 letter	ㅑ	ㅕ	ㅛ	ㅠ			ㅒ	ㅖ		
음가 sound value	[ya]	[yə]	[yo]	[yu]			[yɛ]	[ye]		
글자 letter	ㅘ	ㅝ					ㅙ	ㅞ		
음가 sound value	[wa]	[wə]					[wɛ]	[we]		
글자 letter					ㅢ					
음가 sound value					[ɯi]					

한글은 음절 단위로 씁니다.
Hangeul is written in syllable units.

한글의 음절은 기본적으로 '모음, 자음+모음, 자음+모음+자음'으로 이루어집니다. 모음으로 시작하는 음절의 경우 음가 없는 'ㅇ'을 써야 합니다. 음절이 자음으로 끝나는 경우에 모음 뒤에 오는 자음을 '받침'이라고 합니다. '받침'은 모음의 아래쪽에 씁니다.

Korean syllables are composed of 'vowel, consonant + vowel, consonant + vowel + consonant.' For syllables that begin with a vowel, the silent sound value of 'ㅇ' must be used. When a syllable ends with a consonant, the consonant that follows the vowel is called the final consonant (batchim). The final consonant is written below the vowel.

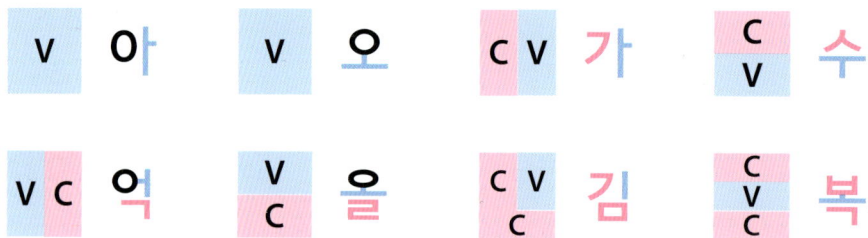

모음에 따라 자음의 위치가 다릅니다. 자음을 왼쪽에 써야 하는 모음도 있고 위쪽에 써야 하는 모음도 있습니다.

The position of consonants varies depending on the vowel. There are vertical vowels written with the consonant positioned to the left and horizontal vowels written with the consonant situated above.

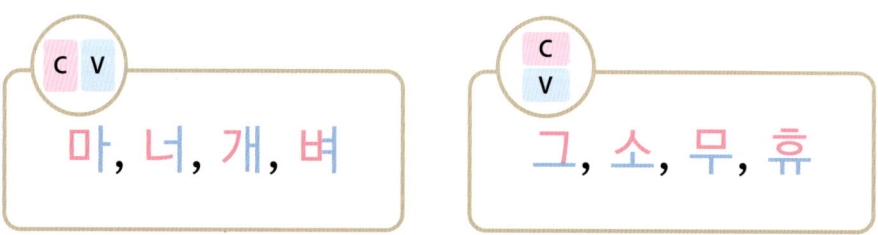

4. 한국어의 특징은 무엇일까요?
Do you know the characteristics of Korean?

한국어 문장의 기본 어순은 'S-O-V'로 이루어져 있습니다.
The basic word order of Korean sentences is 'S-O-V.'

한국어의 문장은 단어와 단어 사이를 띄어 씁니다.
In Korean sentences, there are spacings in between words.

한국어에는 조사가 많습니다. 조사는 문장에서 다른 말과의 문법적인 관계를 나타냅니다.
In the Korean language, there are many particles (postpositions). Particles represent grammatical relationships with other words in a sentence.

저는 토요일에 식당에서 친구를 만나요.

한글 ❶

Hangeul ❶

모음 1 Vowels 1

글자 letter	ㅏ	ㅓ	ㅗ	ㅜ	ㅡ	ㅣ
음가 sound value	[a]	[ə]	[o]	[u]	[ɨ]	[i]
쓰는 순서 writing order	ㅏ	ㅓ	ㅗ	ㅜ	ㅡ	ㅣ

🎧 듣고 따라 하세요.
Listen and repeat.

아	어	오	우	으	이

> '야'와 'ㅏ'는 소리가 같습니다. 그러나 쓸 때는 '아'로 써야 합니다.
> Although '아' and 'ㅏ' have the same sound, it's always written as '아.'

📖 읽으세요.
Read the following words.

오 five	이 tooth/teeth	아이 child	오이 cucumber

쓰세요.
Combine the consonants and vowels below.

ㅇ + ㅏ	아				아
ㅇ + ㅓ					어
ㅇ + ㅗ					오
ㅇ + ㅜ					우
ㅇ + ㅡ					으
ㅇ + ㅣ					이

연습 Practice

1. 잘 듣고 같으면 ○, 다르면 × 하세요.
Listen carefully and write ○ if it's the same, and × if it's different.

1) 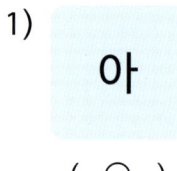　2) 　3) 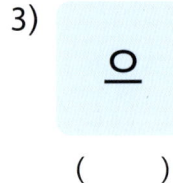　4)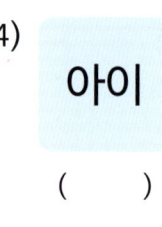

(○)　　(　)　　(　)　　(　)

2. 잘 듣고 알맞은 것을 찾아 번호를 쓰세요.
Listen carefully and write the number under the word in the order you hear them.

이	우아	오	아이	어이	아우
	1				

3. 잘 듣고 맞는 단어를 고른 후 쓰세요.
Listen carefully and write the word you hear.

1) ⓐ　어　[아]　　4) 아우　이오　[　][　]

2) 오　우　[　]　　5) 아이　어이　[　][　]

3) 으　이　[　]　　6) 우아　오이　[　][　]

4. 읽으세요.
Read the following words.

5. 오늘 배운 글자를 몸으로 표현해 보세요.
Try to express the words you learned today through body language.

6. 잘 듣고 글자 카드에서 골라 쓰세요.
Listen carefully and write down the word you hear using the letter cards below.

| 아 | 어 | 이 | 오 | 우 | 으 |

1) 아 이   4)

2)   5)

3)   6)

7. 쓰세요.
Write the following words.

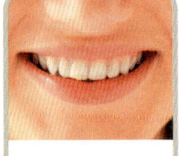		아 이	오 이
이	오		

자음 1 Consonants 1

글자 letter	ㄱ	ㄴ	ㄷ	ㄹ	ㅁ	ㅂ	ㅅ	ㅇ	ㅈ	ㅎ
음가 sound value	[k/g]	[n]	[t/d]	[r/l]	[m]	[p/b]	[s]	[ø]	[ʨ]	[h]
쓰는 순서 writing order	ㄱ	ㄴ	ㄷ	ㄹ	ㅁ	ㅂ	ㅅ	ㅇ	ㅈ	ㅎ

 'ㄱ'은 뒤에 오는 모음에 따라 글자 모양이 바뀝니다.
예 가 / 고
Depending on the vowel that comes after 'ㄱ,' its shape may change.

듣고 따라 하세요.
Listen and repeat.

가	나	다	라	마	바	사	아	자	하

읽으세요.
Read the following words.

가구 furniture	가수 singer	거기 there	고기 meat	구두 dress shoes

나라	나비	누구	누나	다리미
country	butterfly	who	older sister (male perspective)	iron

머리	모자	바나나	바지	버스
hair/head	hat	banana	pants	bus

비누	사자	소리	아버지	어디
soap	lion	sound	father	where

어머니	지도	하마	허리	호수
mother	map	hippopotamus	lower back/waist	lake

쓰세요.
Combine the consonants and vowels below.

	ㅏ	ㅓ	ㅗ	ㅜ	ㅡ	ㅣ
ㄱ	가					
ㄴ						
ㄷ			도			
ㄹ						
ㅁ						미
ㅂ						
ㅅ		서				
ㅇ						
ㅈ					즈	
ㅎ						

연습 Practice

1. 잘 듣고 같으면 ○, 다르면 ✕ 하세요.
Listen carefully and write ○ if it's the same, and ✕ if it's different.

1) 소리	2) 어디	3) 지도	4) 나라	5) 호주
(○)	( )	( )	( )	( )

2. 잘 듣고 알맞은 것을 찾아 번호를 쓰세요.
Listen carefully and write the number under the word in the order you hear them.

바지	우리	가수	도로	하나	두부
				1	

3. 잘 듣고 맞는 단어를 고른 후 쓰세요.
Listen carefully and write the word you hear.

1) ⓒ고기 거기   고 기

2) 누구 구두

3) 나비 나무

4) 모기 모자

5) 지도 수도

6) 고리 거리

4. 읽으세요.
Read the following words.

5. 자음과 모음의 위치에 맞게 써 보세요.
Write the word according to the position of the consonants and vowels.

1) 바지   2) 구두   3) 도시   4) 나무   5) 모자

6. 잘 듣고 색칠하세요.
Listen carefully and color in the words you hear.

소리	거미	가구	다리미
나비	가수	지도	하마
호수	나라	다리	머리	모자
	어머니	하나	바지	비누
아버지		바다		
고구마	허리	버스

7. 쓰세요.
Write the following words.

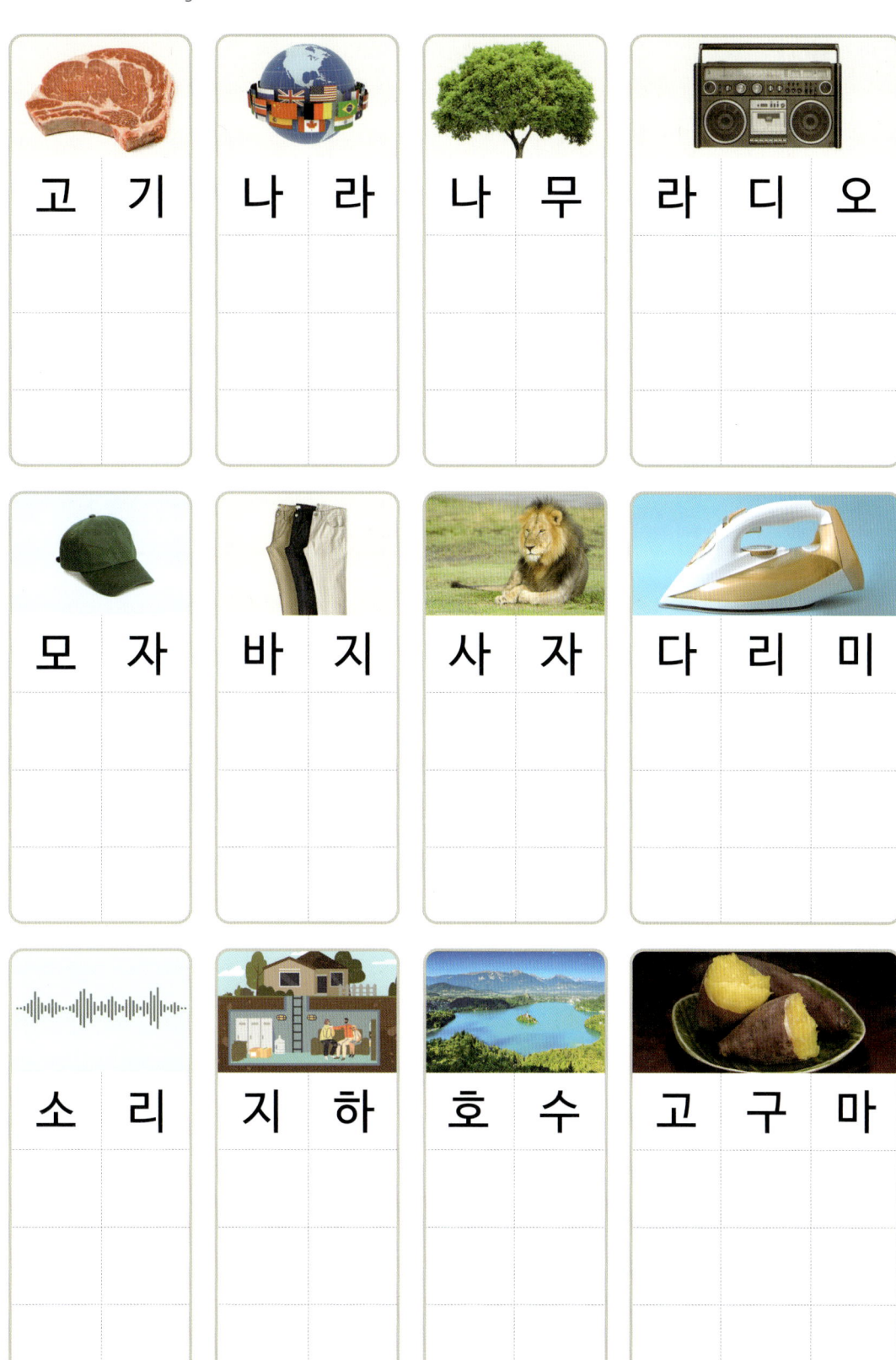

Hangeul ❷

모음 2 Vowels 2

글자 letter	ㅑ	ㅕ	ㅛ	ㅠ
음가 sound value	[ya]	[yə]	[yo]	[yu]
쓰는 순서 writing order	ㅑ	ㅕ	ㅛ	ㅠ

🎧 **듣고 따라 하세요.**
Listen and repeat.

| 야 | 여 | 요 | 유 |

📖 **읽으세요.**
Read the following words.

| 야구
baseball | 야자수
palm tree | 여우
fox | 여기
here | 여자
woman |

| 요가 yoga | 요리 cooking | 우유 milk | 유리 glass | 이야기 story |

| 벼 rice plant | 혀 tongue | 겨자 mustard | 교수 professor | 휴가 vacation | 휴지 toilet paper |

쓰세요.
Combine the consonants and vowels below.

ㅇ + ㅑ	ㅇ				야
ㅇ + ㅕ					여
ㅇ + ㅛ					요
ㅇ + ㅠ					유

연습 Practice

1. 잘 듣고 같으면 ○, 다르면 × 하세요.
Listen carefully and write ○ if it's the same, and × if it's different.

1) 야	2) 혀	3) 요리	4) 우유
(　)	(　)	(　)	(　)

2. 잘 듣고 알맞은 것을 찾아 번호를 쓰세요.
Listen carefully and write the number under the word in the order you hear them.

우유	여우	교수	요가	요리	휴가

3. 잘 듣고 맞는 단어를 고른 후 쓰세요.
Listen carefully and write the word you hear.

1) 여자　유자　□　□

2) 여기　야구　□　□

3) 벼　혀　□

4) 휴지　휴가　□　□

5) 겨우　교수　□　□

6) 요리　유리　□　□

4. 읽으세요.
Read the following words.

5. 잘 듣고 글자 카드에서 골라 쓰세요.
Listen carefully and write down the word you hear using the letter cards below.

유	교	아	휴	수	자
야	리	기	이	겨	요
우	가	지	구	여	저

1) ☐☐   4) ☐☐

2) ☐☐   5) ☐☐

3) ☐☐☐   6) ☐☐

6. 빙고 게임을 하세요.
Play word bingo.

A.

우유	교수	여자
여유	휴가	휴지
요리	혀	야구

B.

여자	벼	요가
휴지	여우	교수
유리	우유	혀

7. 쓰세요.
Write the following words.

| 우 유 | 여 우 | 야 구 | 요 가 |

| 요 리 | 여 자 | 휴 지 | 교 수 |

| 벼 | 유 리 | 휴 가 | 이 야 기 |

자음 2 Consonants 2

글자 letter	ㅋ	ㅌ	ㅍ	ㅊ
음가 sound value	[kʰ]	[tʰ]	[pʰ]	[tɕʰ]
쓰는 순서 writing order	ㅋ	ㅌ	ㅍ	ㅊ

 'ㅋ, ㅌ, ㅍ, ㅊ'은 'ㄱ, ㄷ, ㅂ, ㅈ'보다 입안의 공기를 더 세게 밖으로 내보내면서 발음합니다.
Compared to 'ㄱ, ㄷ, ㅂ, ㅈ,' consonants 'ㅋ, ㅌ, ㅍ, ㅊ' are aspirated, meaning they are pronounced with more air out of your mouth.

듣고 따라 하세요.
Listen and repeat.

| 카 | 타 | 파 | 차 |

읽으세요.
Read the following words.

| 코
nose | 키
height | 파
green onion | 표
ticket | 차
tea |

| 고추
chili pepper | 기차
train | 버터
butter | 슈퍼
supermarket | 우표
stamp |

쓰세요.
Combine the consonants and vowels below.

	ㅏ	ㅓ	ㅗ	ㅜ	ㅡ	ㅣ
ㅋ	카					
ㅌ						
ㅍ						
ㅊ						

연습 Practice

1. 잘 듣고 같으면 ○, 다르면 × 하세요.
Listen carefully and write ○ if it's the same, and × if it's different.

1) 코	2) 피	3) 자	4) 기차	5) 피자
( )	( )	( )	( )	( )

2. 잘 듣고 알맞은 것을 찾아 번호를 쓰세요.
Listen carefully and write the number under the word in the order you hear them.

포도	카드	버터	치마	타조	수표

3. 잘 듣고 맞는 단어를 고른 후 쓰세요.
Listen carefully and write the word you hear.

1) 기사 기차 □ □

2) 우비 우표 □ □

3) 커피 코피 □ □

4) 코트 코드 □ □

5) 보리 파리 □ □

6) 보도 포도 □ □

4. 읽으세요.
Read the following words.

5. 친구와 게임을 하세요.
Play the board game below with your partner.

파마 우표 버터 치마 슈퍼
커피   토마토
코트   우표
코   기차표 고추
키   쿠키
파   파리
표 차   포도 기차
           투수   피자
           타조 파도 조카 치즈

1) 동전을 준비하세요.
   Prepare a coin.

2)  이 나오면 1칸 가세요. 그리고 단어를 읽으세요.
   If the coin lands on tails, move one space over and read the word out loud.

3)  이 나오면 2칸 가세요. 그리고 단어를 읽으세요.
   If the coin lands on heads, move two spaces over and read the word out loud.

6. 쓰세요.
Write the following words.

카 드	타 조	파 리	고 추
조 카	투 수	포 도	치 마
코 트	커 피	우 표	기 차 표

자음 3 Consonants 3

글자 letter	ㄲ	ㄸ	ㅃ	ㅆ	ㅉ
음가 sound value	[k']	[t']	[p']	[s']	[tʃ']
쓰는 순서 writing order	ㄲ	ㄸ	ㅃ	ㅆ	ㅉ

 'ㄲ, ㄸ, ㅃ, ㅆ, ㅉ'은 'ㄱ, ㄷ, ㅂ, ㅅ, ㅈ'보다 목에 힘을 더 줘서 성대를 긴장시키면서 발음합니다.
Compared to 'ㄱ, ㄷ, ㅂ, ㅅ, ㅈ,' 'ㄲ, ㄸ, ㅃ, ㅆ, ㅉ' is pronounced with glottal tension while exerting extra force on the throat.

듣고 따라 하세요.
Listen and repeat.

까	따	빠	싸	짜

꼬	또	뽀	쏘	쪼

읽으세요.
Read the following words.

뼈 bone	가짜 fake	까치 magpie	꼬리 tail	도끼 axe

쓰세요.
Combine the consonants and vowels below.

	ㅏ	ㅓ	ㅗ	ㅜ	ㅡ	ㅣ
ㄲ	까					
ㄸ						
ㅃ						
ㅆ						
ㅉ						

연습 Practice

1. 잘 듣고 같으면 ○, 다르면 ✕ 하세요.
Listen carefully and write ○ if it's the same, and ✕ if it's different.

1) 뼈 ( ) 2) 꼬리 ( ) 3) 부리 ( ) 4) 까치 ( ) 5) 싸다 ( )

2. 잘 듣고 알맞은 것을 찾아 번호를 쓰세요.
Listen carefully and write the number under the word in the order you hear them.

| 까치 | 가짜 | 오빠 | 토끼 | 쓰다 | 찌다 |

3. 잘 듣고 맞는 단어를 고른 후 쓰세요.
Listen carefully and write the word you hear.

1) 사다 싸다

2) 지다 찌다

3) 바르다 빠르다

4) 고리 꼬리

5) 트다 뜨다

4. 읽으세요.
Read the following words.

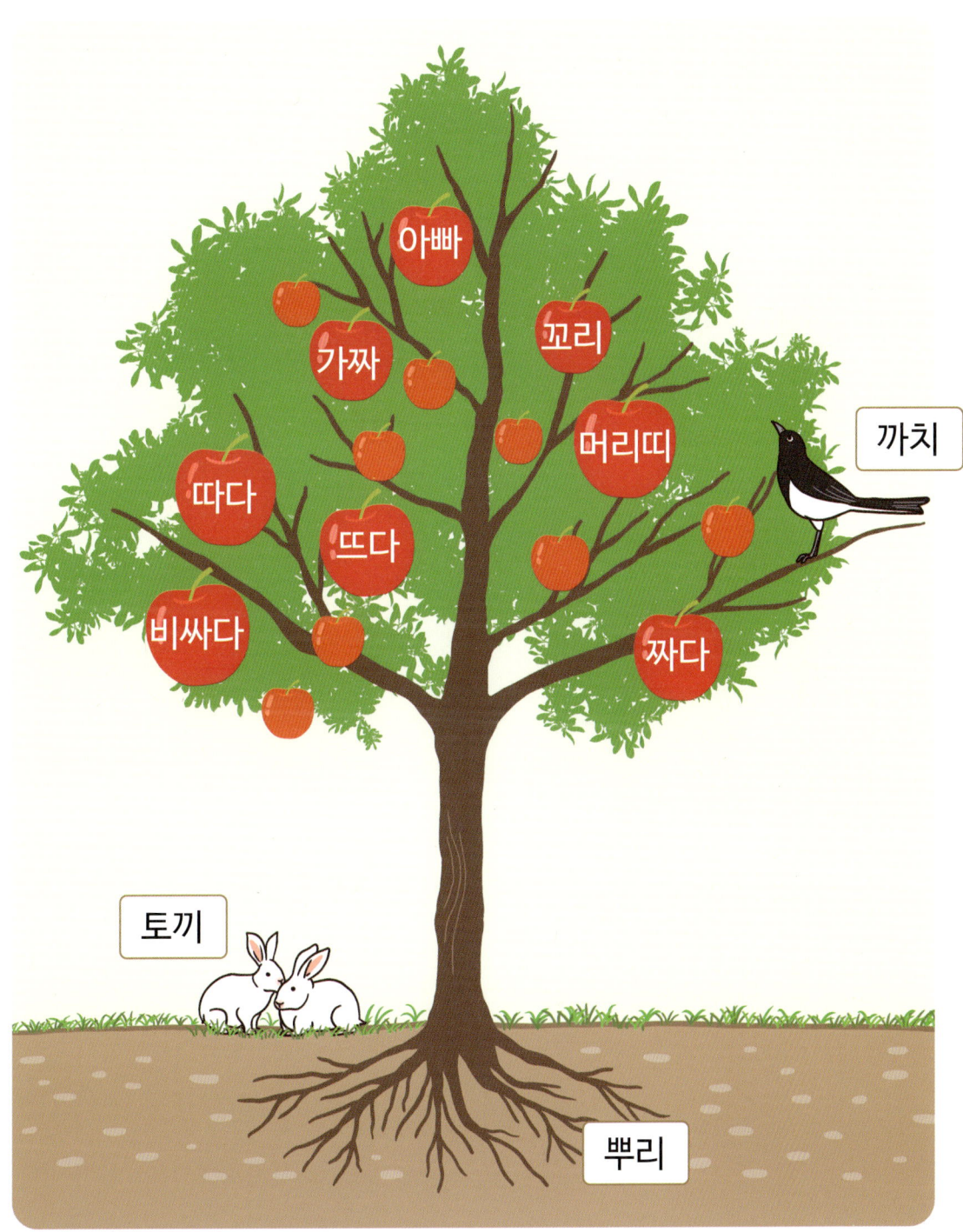

5. 잘 듣고 색칠하세요.
Listen carefully and color in the word you hear.

1) 카	타	파	차	코	토
2) 까	따	빠	싸	짜	꼬
3) 거	커	꺼	바	파	빠
4) 벼	펴	뼈	혀	휴	효
5) 포	초	커	터	퍼	처

6. 다음에서 단어를 골라 쓰고 친구와 빙고 게임을 하세요.
Select words from below, write them in the 3×3 grid, and play word bingo with your partner.

뼈	오빠	꼬리	뿌리	까치	토끼
쓰다	찌다	가짜	코끼리	머리띠	아저씨

1)

2)

7. 쓰세요.
Write the following words.

한글 ③

Hangeul ③

모음 3 Vowels 3

글자 letter	ㅐ	ㅔ	ㅒ	ㅖ	ㅘ	ㅝ
음가 sound value	[ɛ]	[e]	[yɛ]	[ye]	[wa]	[wə]
쓰는 순서 writing order	ㅐ	ㅔ	ㅒ	ㅖ	ㅘ	ㅝ

글자 letter	ㅟ	ㅢ	ㅚ	ㅙ	ㅞ
음가 sound value	[ü/wi]	[ɯi]	[ö/we]	[wɛ]	[we]
쓰는 순서 writing order	ㅟ	ㅢ	ㅚ	ㅙ	ㅞ

🎧 **듣고 따라 하세요.**
Listen and repeat.

| 애 | 에 | 얘 | 예 | 와 | 워 |

| 위 | 의 | 외 | 왜 | 웨 |

 읽으세요.
Read the following words.

개 dog	게 crab	귀 ear	뭐 what	왜 why

가게 store	과자 chips	노래 song	돼지 pig	매워요 to be spicy

메뉴 menu	세계 world	세수 face washing	시계 clock	얘기 story

어깨 shoulder	예쁘다 to be pretty	웨이터 waiter	의사 doctor	의자 chair

제주도 Jeju Island	지우개 eraser	키위 kiwi	화가 painter	회사 company

쓰세요.
Combine the consonants and vowels below.

ㅇ + ㅐ				애
ㅇ + ㅔ				에
ㅇ + ㅒ				얘
ㅇ + ㅖ				예
ㅇ + ㅘ				와
ㅇ + ㅝ				워
ㅇ + ㅟ				위
ㅇ + ㅢ				의
ㅇ + ㅚ				외
ㅇ + ㅙ				왜
ㅇ + ㅞ				웨

연습 Practice

1. **잘 듣고 알맞은 것을 고르세요.**
   Listen carefully and select the word you hear.

   1) ① 애   ② 왜   ③ 위
   2) ① 워   ② 웨   ③ 의
   3) ① 의   ② 위   ③ 예
   4) ① 예   ② 애   ③ 와
   5) ① 으   ② 의   ③ 워

2. **잘 듣고 알맞은 것을 찾아 번호를 쓰세요.**
   Listen carefully and write the number under the word in the order you hear them.

어깨	회사	과자	시계	지우개	얘기

3. **잘 듣고 맞는 단어를 고른 후 쓰세요.**
   Listen carefully and write the word you hear.

   1) 애기   얘기      4) 가구   가게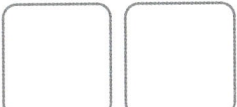

   2) 어깨   어제      5) 세기   세계

   3) 취미   치마      6) 호의   회의

4. 읽으세요.
Read the following.

누구세요?

저예요. 어디예요?

제주도예요.

뭐 해요?

쉬어요.

어때요?

추워요.

또 봐요.

네. 고마워요.

5. 친구가 읽는 단어를 듣고 알맞은 글자를 골라서 쓰세요.
Listen to the word your partner says, then select and write the word.

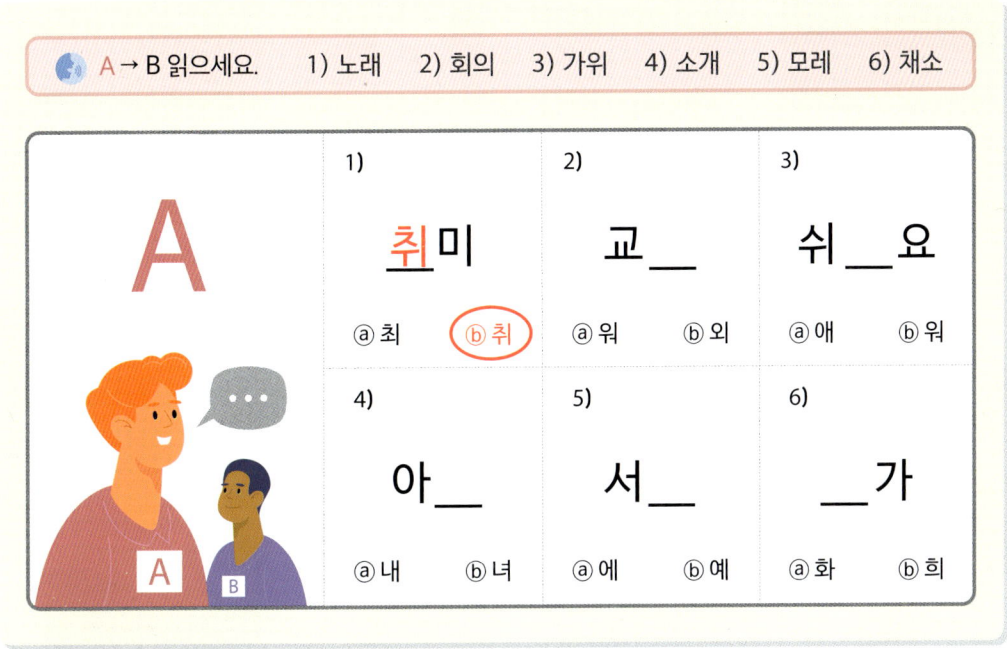

A → B 읽으세요.　1) 노래　2) 회의　3) 가위　4) 소개　5) 모레　6) 채소

1) 취미　ⓐ 최　ⓑ 취 ✓
2) 교__　ⓐ 워　ⓑ 외
3) 쉬__요　ⓐ 애　ⓑ 워
4) 아__　ⓐ 내　ⓑ 녀
5) 서__　ⓐ 에　ⓑ 예
6) __가　ⓐ 화　ⓑ 희

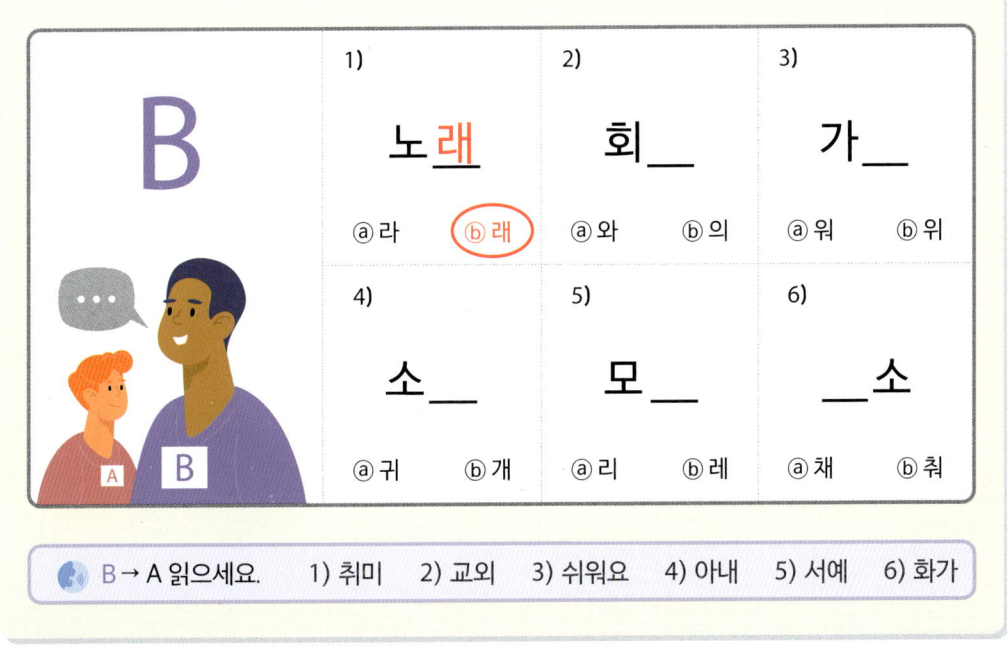

1) 노래　ⓐ 라　ⓑ 래 ✓
2) 회__　ⓐ 와　ⓑ 의
3) 가__　ⓐ 워　ⓑ 위
4) 소__　ⓐ 귀　ⓑ 개
5) 모__　ⓐ 리　ⓑ 레
6) __소　ⓐ 채　ⓑ 취

B → A 읽으세요.　1) 취미　2) 교외　3) 쉬워요　4) 아내　5) 서예　6) 화가

6. 쓰세요.
Write the following words.

아 래

의 사

세 배

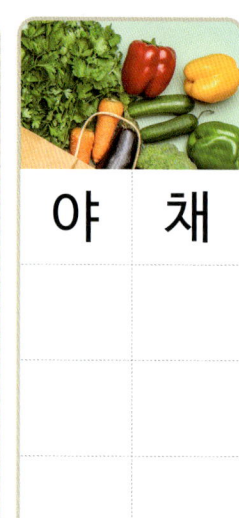
야 채

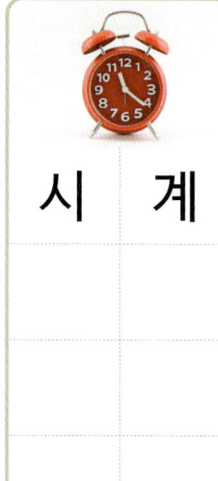
시 계

카 페

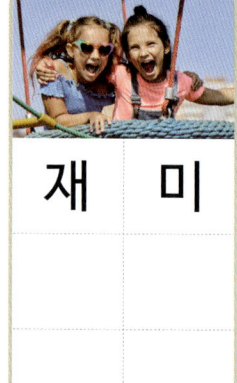
재 미

어 깨

카 메 라

더 워 요

스 웨 터

받침 Final Consonants

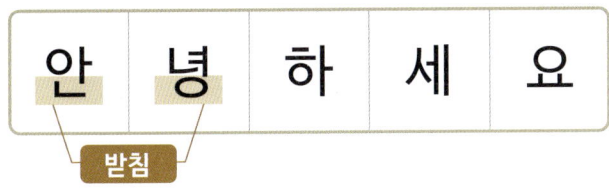

🎧 **듣고 따라 하세요.**
Listen and repeat.

받침	받침 소리	단어
ㄱ, ㅋ, ㄲ	[ㄱ]	국, 부엌, 밖
ㄴ	[ㄴ]	눈
ㄷ, ㅌ, ㅅ, ㅆ, ㅈ, ㅊ, ㅎ	[ㄷ]	곧, 밭, 옷, 있다, 낮, 꽃, 히읗
ㄹ	[ㄹ]	서울
ㅁ	[ㅁ]	봄
ㅂ, ㅍ	[ㅂ]	입, 앞
ㅇ	[ㅇ]	강

📖 **읽으세요.**
Read the following words.

쓰세요.
Combine the consonants and vowels below.

ㄴ + ㅜ + ㄴ				눈
ㅂ + ㅏ + ㄲ				밖
ㅇ + ㅑ + ㄱ				약
ㄲ + ㅗ + ㅊ				꽃
ㅁ + ㅣ + ㅌ				밑
ㅅ + ㅜ + ㅍ				숲
ㅁ + ㅏ + ㅅ				맛
ㅊ + ㅜ + ㅁ				춤
ㅎ + ㅕ + ㅇ				형

연습 Practice

1. 잘 듣고 알맞은 것을 고르세요.
Listen carefully and select the word you hear.

1) ① 곰   ② 공   ③ 골
2) ① 산   ② 살   ③ 삼
3) ① 암   ② 앗   ③ 안
4) ① 점   ② 절   ③ 적
5) ① 한   ② 학   ③ 함

2. 잘 듣고 공통으로 들어갈 받침을 연결하세요.
Listen carefully and match the common final consonant that needs to go in both boxes.

1) 사라 처소   •   • ㄴ
2) 라며 사지   •   • ㄹ
3) 과이 부고기 •   • ㅇ
4) 나자 사라   •   • ㅁ

3. 잘 듣고 맞는 단어를 고른 후 쓰세요.
Listen carefully and write the word you hear.

1) 곧 골 ☐   4) 걷다 검다 ☐ ☐
2) 짚 짐 ☐   5) 시장 신장 ☐ ☐
3) 부엉 부엌 ☐ ☐   6) 사진 사직 ☐ ☐

4. 읽으세요.
Read the following words.

5. 다음 단어를 읽고 받침의 소리가 같은 것끼리 쓰세요.
Read the following and write the words that have the same final consonant sound.

손	컵	꽃	형	숲	맛	곰	책
낮	답	집	침대	가족	우산	높다	언니
축구	히읗	교실	시험	여행	계절	가을	마음
버섯	농구	고향	숙제	부모님	기숙사	지하철	자전거

[ㄱ]	[ㄴ]
가족	언니

[ㄷ]	[ㄹ]
꽃	계절

[ㅁ]	[ㅂ]
마음	숲

[ㅇ]
고향

6. 쓰세요.
Write the following words.

가 족	전 화	날 씨	운 동

생 일	음 식	버 섯	공 원

등 산	김 치	연 필	선 생 님

종합 연습

Comprehensive Practice

1. 다음을 읽어 보세요.
   Read the following words.

2. 다음을 읽어 보세요.
Read the following words.

3. 교실 한국어
Classroom Korean Expressions

 보세요.
 읽으세요.
 들으세요.
 쓰세요.
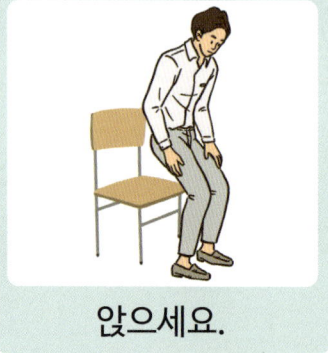 앉으세요.
 이야기하세요.
 따라 하세요.
 쉬세요.
 좋아요.

4. 인사말
Greetings

한글 ①

모음 1 연습　　　　　　　　　p. 12

1　1) ○　2) ×　3) ○　4) ×

2

이	우아	오	아이	어이	아우
3	1		5	2	4

3

1) ⓐ 어 아　　4) ⓐ우 이오 아 우
2) 오 ⓤ 우　　5) ⓐ이 어이 아 이
3) ⓔ 이 으　　6) 우아 ⓞ이 오 이

6

1) 아 이　　4) 우 아
2) 오 이　　5) 어 이
3) 아 우　　6) 으 이

자음 1 연습　　　　　　　　　p. 18

1　1) ○　2) ×　3) ×　4) ○　5) ○

2

바지	우리	가수	도로	하나	두부
4		2	5	1	3

3

1) ⓖ기 거기 고 기　　4) 모기 ⓜ자 모 자
2) ⓝ구 구두 누 구　　5) ⓩ도 수도 지 도
3) 나비 ⓝ무 나 무　　6) 고리 ⓖ리 거 리

5

1) 바지　2) 구두　3) 도시　4) 나무　5) 모자

6

소리	거미	가구	다리미
나비	가수	지도	하마
호수	나라	다리	머리	모자
		하나		
아버지	어머니		바지	비누
		바다		
고구마	허리		버스

한글 ②

모음 2 연습　　　　　　　　　p. 24

1　1) ×　2) ○　3) ×　4) ○

2

우유	여우	교수	요가	요리	휴가
	4	2	1	5	3

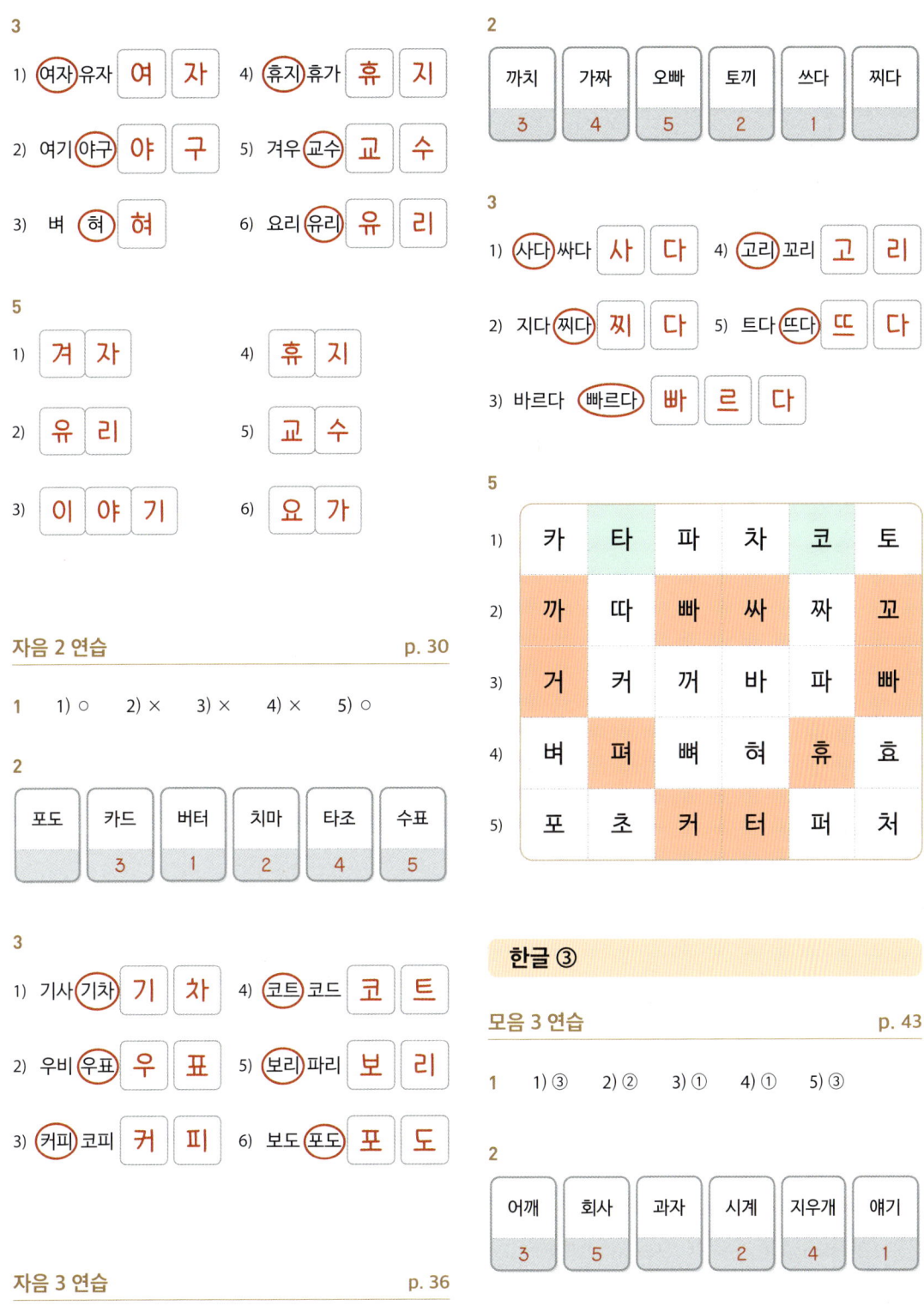

3

1) 애기 ⓐ얘기 얘 기
2) 어깨 ⓐ어제 어 제
3) ⓐ취미 치마 취 미
4) 가구 ⓐ가게 가 게
5) ⓐ세기 세계 세 기
6) 호의 ⓐ회의 회 의

3

1) ⓐ곧 골 곧
2) ⓐ짚 짐 짚
3) 부엉 ⓐ부엌 부 엌
4) 걷다 ⓐ검다 검 다
5) 시장 ⓐ신장 신 장
6) ⓐ사진 사직 사 진

5

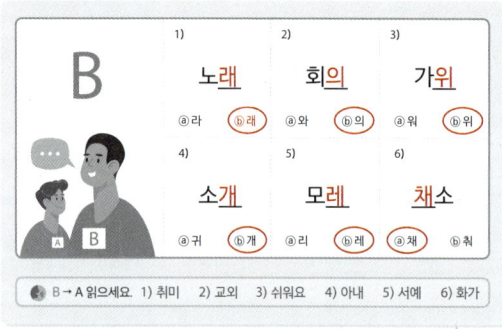

[ㄱ]	[ㄴ]
가족, 책, 축구, 숙제, 기숙사	언니, 손, 우산, 자전거
[ㄷ]	[ㄹ]
꽃, 맛, 낮, 히읗, 버섯	계절, 교실, 가을, 지하철
[ㅁ]	[ㅂ]
마음, 곰, 침대, 시험, 부모님	숲, 컵, 답, 집, 높다
[ㅇ]	
고향, 형, 여행, 농구	

받침 연습 p. 50

1 1) ② 2) ③ 3) ② 4) ③ 5) ①

2

서울대 한국어+ 문법과 표현 1A

Student's Book

서울대학교출판문화원

1A

단원	과	문법과 표현
1 인사	1-1. 저는 이유진이에요	① 명은/는 ② 명이에요/예요
	1-2. 유진 씨는 학생이에요?	③ 명이에요/예요? ④ 명이/가 아니에요
2 교실과 방	2-1. 이거는 시계예요	① 이거는/그거는/저거는 명이에요/예요 ② 명(의) 명
	2-2. 이 가방은 나나 씨 가방이에요	③ 이/그/저 명 ④ 명이/가 있어요/없어요
3 가게	3-1. 이 빵 하나 주세요	① 명하고 명 ② 명 주세요
	3-2. 집 앞에 편의점이 있어요	③ 명에 있어요/없어요 ④ 명 앞/뒤/옆/위/아래
4 일상생활	4-1. 저는 한국어를 공부해요	① 동-아요/어요 ② 명을/를
	4-2. 오늘 회사에 가요	③ 명에 가다/오다 ④ 명에서

단원	과	문법과 표현
5 식당	5-1. 비빔밥하고 불고기가 맛있어요	① 명이/가 형-아요/어요 ② 안 동형
	5-2. 주스 세 병에 오천 원이에요	③ 명 개/병/잔/그릇 ④ 가격
6 날짜와 요일	6-1. 토요일에 친구를 만나요	① 명에 ② 명도
	6-2. 친구들하고 밥을 먹을 거예요	③ 동-(으)ㄹ 거예요 ④ 명만
7 시간	7-1. 보통 몇 시에 일어나요?	① 시간 ② 명부터 명까지
	7-2. 어제 한강공원에 갔어요	③ 동-고 ④ 동형-았어요/었어요
8 날씨	8-1. 오늘 날씨가 어때요?	① (같이) 동-아요/어요 ② 동-(으)ㄹ까요?
	8-2. 토요일에는 비가 오고 조금 추워요	③ 'ㅂ' 불규칙 ④ 못 동

1단원

❶ 명은/는

▶ 명사 뒤에 붙어 그 명사가 문장의 주제임을 나타냅니다.
Attached to a noun, '은/는' indicates the topic of a sentence.

| 받침 ○ + 은 | 다니엘 | 다니엘은 |
| 받침 × + 는 | 저 | 저는 |

예 **저는** 나나예요.
　　테오는 브라질 사람이에요.
　　에릭은 프랑스 사람이에요.
　　다니엘은 미국 사람이에요.

❷ 명 이에요/예요

▶ 명사 뒤에 붙어 비격식적인 상황에서 주어의 상태나 속성을 나타냅니다.
Attached to a noun, '이에요/예요' indicates the state or attribute of the subject in an informal setting.

| 받침 ○ + 이에요 | 한국 사람 | 한국 사람**이에요** |
| 받침 × + 예요 | 민우 | 민우**예요** |

예 저는 **안나예요**.
    저는 **마리예요**.
    안나는 **러시아 사람이에요**.
    에릭은 **프랑스 사람이에요**.

❸ 명이에요/예요?

▶ 명사 뒤에 붙여 비격식적인 상황에서 주어의 상태나 속성을 질문할 때 사용합니다.
Attached to a noun, '이에요/예요?' is used to ask a question about the state or attribute of the subject in an informal setting.

▶ 명사 뒤에 '이에요/예요?'를 붙여서 사용합니다.
It is used by attaching '이에요/예요?' to the preceding noun.

| 받침 ○ + 이에요? | 선생님 | 선생님이에요? |
| 받침 × + 예요? | 가수 | 가수예요? |

예 닛쿤 씨는 **가수예요?**
하이 씨는 **회사원이에요?**

가: 마리 씨는 **선생님이에요?**
나: 네. 선생님이에요.

▶ '이에요/예요?'를 사용하여 질문을 할 때에는 문장의 끝을 올려서 말합니다.
When using '이에요/예요?' to ask a question, say it with a rising intonation at the end of the sentence.

예 가: 민우 씨는 **학생이에요?**
나: 네. 저는 대학생이에요.

❹ 명 이/가 아니에요

▶ 명사 뒤에 붙여 비격식적인 상황에서 주어의 상태나 속성을 부정할 때 사용합니다.
Attached to a noun, '이/가 아니에요' is used to negate the state or attribute of the subject in an informal setting.

받침 ○ + 이 아니에요	학생	학생**이 아니에요**
받침 × + 가 아니에요	배우	배우**가 아니에요**

예 저는 **한국 사람이 아니에요**.
나나는 **가수가 아니에요**.

가: 유진 씨는 의사예요?
나: 아니요. 저는 **의사가 아니에요**. 회사원이에요.

2단원

❶ 이거는/그거는/저거는 [명]이에요/예요

▶ 사물을 가리킬 때, 화자와 가까이 있는 것은 '이거', 청자와 가까이 있는 것은 '그거', 화자와 청자로부터 멀리 있는 것은 '저거'라고 합니다.
When pointing or referring to an object, '이거' (this) indicates something close to the speaker, '그거' (that) for something close to the listener, and '저거' for something far from both the speaker and listener.

> 예 **이거는** 한국어 **책이에요.**
> **저거는** 시계예요.

가: **이거는** 뭐예요?　　　가: **그거는** 뭐예요?　　　가: **저거는** 뭐예요?
나: 공책이에요.　　　　　나: 공책이에요.　　　　　나: 공책이에요.

▶ 말할 때에는 '이거/그거/저거'를 사용하고 글을 쓸 때에는 '이것/그것/저것'을 사용합니다.
'이거/그거/저거' is used in the spoken language, and '이것/그것/저것' is used in the formal written language.

TIPS　사람을 가리킬 때에는 '이거/그거/저거'를 사용하지 않습니다.
When referring to a person, '이거/그거/저거' is not used.
> 예 이거는 선생님이에요. (×)

❷ 명(의) 명

▶ '의'는 앞에 오는 말이 뒤에 오는 말을 소유하고 있음을 의미합니다. 발음은 [에]로 합니다.
'의' means that the preceding noun possesses the following noun, and it is pronounced as [에].

> **예** 이거는 **마리 씨의 볼펜**이에요.
> 저거는 **선생님의 책**이 아니에요.
>
> 가: 이거는 **제니 씨의 시계**예요?
> 나: 아니요. **나나 씨의 시계**예요.

▶ '저'+'의'는 '제'로 사용합니다.
'제' can be used as the contraction for '저'+'의.'

> **예** **제 이름은** 이유진이에요.
>
> 가: 그거는 **유진 씨의 휴대폰**이에요?
> 나: 아니요. **제 휴대폰**이 아니에요.

▶ '의'를 생략하고 말하기도 합니다.
'의' can be omitted in spoken language.

> **예** 이거는 엥흐(의) 공책이에요.

❸ 이/그/저 명

▶ 화자와 가까이 있는 대상을 가리킬 때에는 '이', 청자와 가까이 있는 대상을 가리킬 때에는 '그', 화자와 청자로부터 멀리 있는 대상을 가리킬 때에는 '저'를 사용합니다.
'이' is used to point or refer to a person or something close to the speaker.
'그' is used to point or refer to a person or something close to the listener.
'저' is used to point or refer to a person or something far from the speaker and listener.

예   **이 책**은 한국어 책이에요.
저 가방은 제 가방이 아니에요.

가: **저 사람**의 이름이 뭐예요?
나: 김민우예요.

❹ 몡이/가 있어요/없어요

▶ 명사 뒤에 붙어 그것이 존재하거나 그렇지 않음을 나타냅니다.
Attached to a noun, '이/가 있어요' indicates its existence and '이/가 없어요' indicates its absence.

학생이 있어요.   학생이 없어요.

▶ 명사에 받침이 있으면 '이', 받침이 없으면 '가'를 붙여서 사용합니다.
If there is a final consonant in the preceding noun, '이' is used. If there is no final consonant, '가' is used.

| 받침 ○ + 이 있어요/없어요 | 텔레비전 | 텔레비전**이 있어요/없어요** |
| 받침 × + 가 있어요/없어요 | 냉장고 | 냉장고**가 있어요/없어요** |

예 책상이 있어요.
   의자가 없어요.

▶ 질문에 대한 대답을 할 때에는 '몡이/가'를 생략하고 대답할 수 있습니다.
'몡이/가' can be omitted when answering the question (because the subject is implied).

예 가: **볼펜이 있어요?**
   나: 아니요. **없어요.**

3단원

❶ 명하고 명

▶ 비격식적인 상황에서 명사와 명사를 연결할 때 사용합니다.
In an informal setting, '하고' is used to connect two nouns.

예 **커피하고 우유**가 있어요.
딸기하고 바나나가 있어요.

가: **사과하고 수박**이 있어요?
나: 네. 있어요.

▶ 문장과 문장을 연결할 때는 '하고'를 사용하지 않습니다.
'하고' is not used when connecting two sentences.

예 이거는 책상이에요. 하고 그거는 의자예요. (×)
이거는 책상이에요. 그리고 그거는 의지예요. (○)

▶ 글을 쓰거나 격식적인 상황에서 말할 때에는 '와/과'를 쓸 수 있습니다.
'와/과' can be used in a formal setting and in written language.

예 **커피와 우유**가 있어요.
책과 공책이 있어요.
볼펜과 지우개가 있어요. = **지우개와 볼펜**이 있어요.

❷ 몡 주세요

▶ 명사 뒤에서 상대방에게 그것을 달라고 요청할 때 사용합니다.
'주세요' that comes after a noun is used to make a polite request, asking the other person to give you something.

> 예 **커피 주세요.**
> **빵하고 우유 주세요.**
>
> 가: 여기 **주스하고 샌드위치 주세요.**
> 나: 네. 여기 있어요.

▶ '좀'을 함께 쓰면 더 부드럽고 예의 있는 표현이 됩니다.
Adding '좀' after the noun makes the request softer and more polite.

> 예 **물 좀 주세요.**

❸ 명에 있어요/없어요

▶ 명사 뒤에 붙어 사물이 있는 곳을 나타냅니다. 사물이 존재하면 '있어요'를 사용하고 반대 상황에서는 '없어요'를 사용합니다.
Attached to a noun, '에 있어요/없어요' indicates where something is located. If the object exists, use '있어요.' If not, use '없어요.'

> 예 우유는 **냉장고에 있어요**.
> 책은 **가방에 없어요**.

▶ 사람이 있는 곳을 나타낼 때도 사용합니다.
It is also used to indicate where someone is located.

> 예 하이 씨는 **카페에 있어요**.
> 아야나 씨는 **집에 있어요**.

▶ 이미 한 번 이야기한 장소를 다시 이야기하거나 강조할 때, '에는'을 사용하는 것이 좋습니다.
When you want to mention a location you have already talked about or want to make an emphasis, '에는' is used.

> 예 여기는 명동이에요. **명동에는 커피숍이 있어요**.

❹ 명 앞/뒤/옆/위/아래

▶ 명사 뒤에 써서 사람이나 사물의 위치를 나타낼 때 사용합니다.
Used after a noun, '앞/뒤/옆/위/아래' indicates the location of an object or a person.

예 휴대폰은 **책상 위**에 있어요.
가방 안에 책이 있어요.

가: 지우개가 어디에 있어요?
나: **필통 안**에 있어요.

예 제니 씨는 **아야나 씨 앞**에 있어요.
엥흐 씨는 **아야나 씨 뒤**에 있어요.
하이 씨는 **제니 씨 옆**에 있어요.

4단원

❶ 동-아요/어요

▶ 동사 어간 뒤에 붙여서 어떤 사실을 설명하거나 물을 때 사용합니다.
Attached to a verb stem, the informal polite ending '-아요/어요' is used to explain a fact or ask a question about it.

▶ 동사 어간의 모음이 'ㅏ', 'ㅗ'면 '-아요', 그 외 모음이면 '-어요'를 사용하고, '하다'는 '해요'로 사용합니다.
When the last syllable of a verb stem is 'ㅏ' or 'ㅗ,' use '-아요,' and for any other vowels, use '-어요.' For the '하다' verb, use '해요.'

ㅏ, ㅗ	➡ -아요	알다	알아요
		가다	가요
		오다	와요
그 외 모음	➡ -어요	읽다	읽어요
		배우다	배워요
		마시다	마셔요
하다	➡ 해요	공부하다	공부해요
		일하다	일해요

예 아야나는 **자요**.
에릭은 **운동해요**.
다니엘은 샌드위치 **먹어요**.

가: 유진 씨는 뭐 **해요**?
나: 저는 커피 **마셔요**.

❷ 명을/를

▶ **명사 뒤에 붙어 그 명사가 문장의 목적어임을 나타냅니다.**
Attached to a noun, '을/를' indicates the object of a sentence.

받침 ○ + 을	책	책을
받침 × + 를	친구	친구를

예 **빵을** 먹어요.
한국어를 공부해요.

가: 나나 씨, 지금 뭐 해요?
나: **책을** 읽어요.

TIPS

'뭐를'을 줄여서 '뭘'로 쓸 수 있습니다.
'뭘' is the contraction of '뭐를.'
예 뭐를 좋아해요? = 뭘 좋아해요?

❸ 명에 가다/오다

▶ 명사에 결합하여 방향이나 목적지를 나타냅니다.
Combined with a noun, '에 가다/오다' indicates a direction or destination.

가다

오다

예) 저는 **학교에 가요**.
친구가 **한국에 와요**.

가: 오늘 **어디에 가요**?
나: **스포츠 센터에 가요**.

❹ 명 에서

▶ 명사에 결합하여 어떤 일이 일어나는 장소를 나타냅니다.
Combined with a noun, '에서' indicates the location of an event that's occurring.

예 저는 **카페에서** 주스를 마셔요.
테오 씨는 **영화관에서** 영화를 봐요.

가: 유진 씨, **어디에서** 숙제해요?
나: 저는 **도서관에서** 숙제해요.

5단원

❶ 명이/가 형-아요/어요

▶ '이/가'는 명사 뒤에 붙어 그 명사가 어떤 상태나 상황의 주체임을 나타냅니다.
Attached to a noun, '이/가' indicates the subject of a state or situation.

받침 ○ + 이	방	방**이**
받침 × + 가	사과	사과**가**

▶ '-아요/어요'는 형용사 어간에 결합하여 어떤 사실을 설명하거나 물을 때 사용합니다.
Combined with a adjective stem, '-아요/어요' is used to describe a fact or to ask about it.

▶ 형용사 어간의 모음이 'ㅏ', 'ㅗ'면 '-아요', 그 외 모음이면 '-어요'를 사용하고, '하다'는 '해요'로 사용합니다.
When the last syllable of the adjective stem is 'ㅏ' or 'ㅗ,' use the ending '-아요,' and for any other vowels, use '-어요.' For '하다,' use '해요.'

ㅏ, ㅗ ➡ -아요	좋다	**좋아요**
그 외 모음 ➡ -어요	맛있다	**맛있어요**
하다 ➡ 해요	친절하다	**친절해요**

예 사과가 비싸요.
　　영화가 재미있어요.
　　교실이 깨끗해요.

　　가: 명동에 **사람이 많아요**?
　　나: 네. **많아요**.

❷ 안 동 형

▶ 동사나 형용사 앞에 써서 부정이나 반대의 의미를 나타냅니다.
Placed in front of a verb or adjective, '안' is used to indicate a negative or opposite meaning.

예 이 볼펜이 **안** 좋아요.
저는 드라마를 **안** 봐요.

가: 방이 깨끗해요?
나: 아니요. **안 깨끗해요**.

▶ '운동하다, 공부하다, 일하다'와 같은 '명+하다'의 동사는 '운동 안 하다', '공부 안 하다', '일 안 하다'와 같이 띄어 씁니다.
When negating '명+하다' verbs such as '운동하다, 공부하다, 일하다,' the spacing is written as '운동 안 하다,' '공부 안 하다,' and '일 안 하다.'

예 가: 오늘 일해요?
나: 아니요. 일 **안** 해요.

TIPS

'좋아하다'의 부정은 '안 좋아하다'입니다.
The opposite of '좋아하다' is '안 좋아하다.'

예 저는 이 영화를 좋아 안 해요. (×) ➡ 저는 이 영화를 안 좋아해요. (○)

❸ 명 개/병/잔/그릇

▶ 명사의 수량을 나타낼 때 '명사 + 수사' 뒤에 결합합니다.
When indicating the quantity of a noun, the counter '개, 병, 잔, 그릇' is followed by '명사 + 수사.'

예 **커피 두 잔** 주세요.
비빔밥 세 그릇 주세요.

▶ 명사가 무엇인지 알 수 있으면 명사를 생략할 수 있습니다.
When the noun is known, it can be omitted.

예 가: 볼펜이 **몇 개** 있어요?
나: **세 개** 있어요.

	⚀	⚁	⚂	⚃	⚄	⚅
🍬	한 개	두 개	세 개	네 개	다섯 개	여섯 개
🍶	한 병	두 병	세 병	네 병	다섯 병	여섯 병

	⚅⚀	⚅⚁	⚅⚂	⚅⚃	⚅⚄	⚅⚅
🥛	일곱 잔	여덟 잔	아홉 잔	열 잔	열한 잔	열두 잔
🥣	일곱 그릇	여덟 그릇	아홉 그릇	열 그릇	열한 그릇	열두 그릇

❹ 가격

				9	9
				구십	구

			5	8	9
			오백	팔십	구

		1	4	7	0
		천	사백	칠십	

	3	6	2	1	0
	삼만	육천	이백	십	

	14	7	1	5	0
	십사만	칠천	백	오십	

201	9	6	3	0
이백일만	구천	육백	삼십	

₩ 99	구십구 원	₩ 589	오백팔십구 원
₩ 1,470	천사백칠십 원	₩ 36,210	삼만 육천이백십 원
₩ 147,150	십사만 칠천백오십 원	₩ 2,019,630	이백일만 구천육백삼십 원

❶ 명 에

금요일에 뭐 해요?

영화를 봐요.

▶ 명사 뒤에 붙어 요일이나 시간을 나타냅니다.
Attached to a noun, '에' indicates the days of the week or time.

예 **금요일에** 친구를 만나요.
토요일에 운동해요.

가: **무슨 요일에** 태권도를 배워요?
나: 수요일하고 **금요일에** 배워요.

TIPS

'오늘', '내일', '지금', '언제'는 '에'와 함께 사용하지 않습니다.
'오늘,' '내일,' '지금,' and '언제' are not used with '에.'

예 오늘에 한국어를 공부해요. (×) ➡ 오늘 한국어를 공부해요. (○)

❷ 명도

▶ 명사 뒤에 붙어 이미 있는 것에 다른 것을 더하는 의미를 나타냅니다.
Attached to a noun, '도' indicates adding something to what already exists.

> 예   교실에 중국 학생이 있어요. **미국 학생도** 있어요.
> 저는 비빔밥을 좋아해요. **불고기도** 좋아해요.
>
> 가: 저는 오늘 도서관에 가요.
> 나: **저도** 가요.

▶ '도'는 '은/는', '이/가'와 함께 쓰지 않습니다.
'도' is not used with '은/는' or '이/가.'

> 예   저는 학생이에요. 에릭 씨도 학생이에요.　　(○)
> 저는도 학생이에요. 에릭 씨가도 학생이에요.　（×）

▶ '도'는 '에', '에서'와 함께 써서 '에도', '에서도'로 사용합니다.
'도' along with '에' and '에서' can be used as '에도' and '에서도.'

> 예   저는 토요일에 친구를 만나요. 일요일에도 친구를 만나요.

❸ 동-(으)ㄹ 거예요

▶ 동사 어간 뒤에 붙어서 앞으로의 일이나 계획을 나타냅니다.
Attached to a verb stem, '-(으)ㄹ 거예요' indicates future events or plans.

받침 ○ + -을 거예요	먹다	먹을 거예요
받침 × + -ㄹ 거예요	가다	갈 거예요

예 저녁에 한국어 책을 **읽을 거예요**.
　　내일 친구하고 같이 사진을 **찍을 거예요**?

　　가: 주말에 약속이 있어요?
　　나: 아니요. 없어요. 집에서 **쉴 거예요**.

▶ [꺼예요]라고 발음합니다.
It is pronounced as [꺼예요].

예 토요일에 **운동할 거예요**.
　　　　　　　[꺼예요]

❹ 명만

▶ 명사 뒤에 붙어 다른 것은 제외하고 어느 것을 한정함을 나타냅니다.
Attached to a noun, '만' indicates excluding and limiting something.

> 예) 우리 반에서 **저만** 영국 사람이에요.
> 저는 **이 가수만** 좋아해요.
>
> 가: 교실에 학생이 많아요?
> 나: 아니요. **에릭 씨만** 있어요.

▶ '만'은 보통 '은/는', '이/가'와 함께 쓰지 않습니다.
Usually, '만' is not used with '은/는' or '이/가.'

> 예) 우리 가족은 모두 중국에 있어요. 저만 한국에 있어요. (○)
> 우리 가족은 모두 중국에 있어요. 저는만 한국에 있어요. (×)

▶ '만'은 '에', '에서'와 함께 써서 '에만', '에서만'으로 사용합니다.
'만' along with '에' and '에서' can be used as '에만' and '에서만.'

> 예) 제 친구는 일요일에만 청소해요.

7단원

❶ 시간

▶ 시간을 말할 때 '한 시, 두 시'로 말하고 '일 분, 십 분'으로 말합니다.
When telling the time, you say '한 시, 두 시' for hours and '일 분, 십 분' for minutes.

1:00	2:00	3:00	4:00	5:00	6:00
한 시	두 시	세 시	네 시	다섯 시	여섯 시

7:00	8:00	9:00	10:00	11:00	12:00
일곱 시	여덟 시	아홉 시	열 시	열한 시	열두 시

1:10	2:20	3:30	4:40
한 시 십 분	두 시 이십 분	세 시 삼십 분 세 시 반	네 시 사십 분

▶ '삼십 분'은 '반'으로 말할 수 있습니다.
For '삼십 분,' you can say '반.'

> 예) 저는 **한 시**에 밥을 먹어요.
> **일곱 시**에 집에 갈 거예요.
>
> 가: 보통 **몇 시**에 자요?
> 나: **열두 시**쯤(에) 자요.
>
> **두 시 삼십 분**이에요.
> = **두 시 반**이에요.

❷ 명부터 명까지

▶ '부터'는 어떤 일의 시작이나 처음을 나타내고, '까지'는 어떤 일의 끝을 나타내는 말입니다. 주로 시간을 나타내는 명사와 함께 씁니다. '부터'와 '까지'는 같이 사용할 수도 있고 따로 사용할 수도 있습니다.
'부터' indicates from the beginning of an event and '까지' until it ends. They are mainly used with nouns representing time. '부터' and '까지' can be used separately or in the same sentence.

> 예 나나 씨는 **월요일부터 금요일까지** 아르바이트를 해요.
> **내일부터** 학교에 갈 거예요.
>
> 가: **언제부터** 방학이에요?
> 나: **2월 8일부터 2월 26일까지** 방학이에요.

▶ 어떤 범위의 시작과 끝을 나타낼 때도 사용합니다.
It is also used to indicate the beginning and end of a certain range.

> 예 **1과부터 8과까지** 공부해요.
>
> 가: 오늘 숙제가 뭐예요?
> 나: **101쪽부터 105쪽까지**예요.

❸ 동-고

▶ 동사 어간과 결합하여 앞의 말과 뒤의 말이 차례대로 일어남을 나타냅니다.
Combined with a verb stem, '-고' indicates the sequence of events.

예 영화를 **보고** 숙제해요.
친구를 **만나고** 도서관에 가요.

가: 시험이 **끝나고** 뭐 할 거예요?
나: 집에서 쉴 거예요.

▶ '동-고'일 때 앞의 말과 뒤의 말이 바뀌면 의미가 달라집니다.
When you swap the order of the two events connected to '동-고,' the meaning changes.

샤워하고 밥을 먹어요.

밥을 먹고 샤워해요.

▶ 동사나 형용사 어간 뒤에 붙어 어떤 사실을 나열할 때도 사용할 수 있습니다.
Attached to a verb or adjective stem, '-고' is also used to list facts.

예 방이 **깨끗하고** 좋아요.
제 친구는 **친절하고** 재미있어요.

가: 친구들은 지금 뭐 해요?
나: 나나 씨는 **공부하고** 엥흐 씨는 커피를 마셔요.

④ 동 형 -았어요/었어요

▶ 동사나 형용사 어간과 결합하여 과거의 일을 나타낼 때 사용합니다.
Combined with a verb or adjective stem, '-았어요/었어요' indicates a past event.

ㅏ, ㅗ ➡ -았어요	알다	**알았어요**
	좋다	**좋았어요**
그 외 모음 ➡ -었어요	먹다	**먹었어요**
	맛있다	**맛있었어요**
하다 ➡ 했어요	공부하다	**공부했어요**
	깨끗하다	**깨끗했어요**

예 어제 학교에 **갔어요**.
비빔밥이 **맛있었어요**.

가: 어제 아야나 씨하고 **쇼핑했어요**?
나: 아니요. 안 **했어요**.

▶ 명사 뒤에서는 '이었어요/였어요'를 사용합니다.
When followed by a noun, '이었어요/였어요' is used.

| 받침 ○ + 이었어요 | 선생님 | 선생님**이었어요** |
| 받침 ✕ + 였어요 | 기자 | 기자**였어요** |

예 저는 **가수였어요**.
어제는 **월요일이었어요**.

가: 크리스 씨, **영어 선생님이었어요**?
나: 네. 고향에서 영어를 가르쳤어요.

❶ (같이) 동-아요/어요

오늘 날씨가 좋아요.

우리 같이 공원에 가요.

▶ 동사 어간 뒤에 붙어서 어떤 일을 같이 하자고 제안할 때 사용합니다. 이때 억양은 약간 올렸다가 내려야 합니다.
Attached to a verb stem, the informal polite ending '-아요/어요' can be used to suggest doing something together. When saying this expression, slightly raise the intonation and bring it down.

예 같이 공원에서 **산책해요**.

같이 밥을 **먹어요**.

가: 주말에 뭐 할 거예요?
나: 커피숍에서 공부할 거예요. 우리 같이 **공부해요**.

❷ 동-(으)ㄹ까요?

▶ 동사 어간 뒤에 붙여서 어떤 일을 제안할 때 사용합니다.
Attached to a verb stem, '-(으)ㄹ까요?' is used to make a suggestion.

받침 ○ + -을까요?	먹다	먹을까요?
받침 × + -ㄹ까요?	가다	갈까요?

예 가: 우리 같이 공원에 **갈까요**?   가: 여기에 **앉을까요**?
　　나: 네. 좋아요.　　　　　　　　　나: 네. 좋아요.

▶ 같이 할 행동에 대해서 상대방의 의사를 물을 때도 사용합니다.
It is also used to ask the other person's opinion when doing something together.

예 가: 뭘 **먹을까요**?　　　　　　　가: 언제 테니스를 **칠까요**?
　　나: 비빔밥을 먹어요.　　　　　　나: 주말에 쳐요.

▶ '-(으)ㄹ까요?'의 대답으로 '(같이) -아요/어요'를 자주 씁니다.
For the answer to '-(으)ㄹ까요?', '(같이) -아요/어요' is often used.

예 가: 같이 농구를 **할까요**?
　　나: 네. 같이 해요.

❸ 'ㅂ' 불규칙

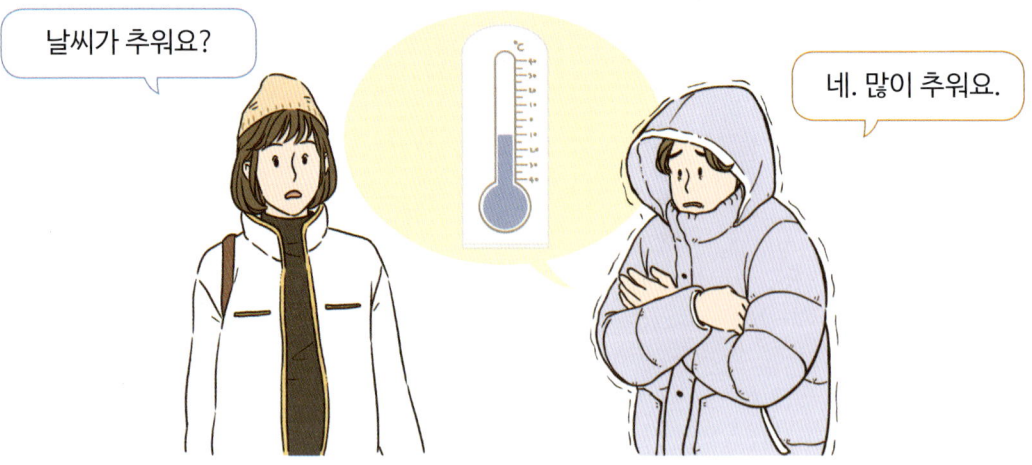

▶ '덥다, 춥다, 어렵다, 쉽다, 맵다, 무겁다, 가볍다'와 같이 'ㅂ' 받침을 가진 일부 형용사가 'ㅏ, ㅓ'와 같이 모음으로 시작하는 말과 만나면 받침 'ㅂ'이 '우'로 바뀝니다.
When adjective stem words ending in the final consonant 'ㅂ' such as '덥다, 춥다, 어렵다, 쉽다, 맵다, 무겁다, 가볍다' meet vowels such as 'ㅏ' or 'ㅓ,' the final consonant 'ㅂ' changes to '우.'

	-고	-아요/어요	-았어요/었어요
춥다	춥고	**추워요**	**추웠어요**
쉽다	쉽고	**쉬워요**	**쉬웠어요**

예 오늘 날씨가 정말 **더워요**.
떡볶이가 **매워요**.

가: 시험이 **어려웠어요**?
나: 네. 조금 **어려웠어요**.

❹ 못 동

▶ 동사 앞에서 동사의 동작을 할 수 없음을 나타냅니다.
'못' in front of a verb indicates the inability to do something.

> 예 저는 골프를 **못 쳐요**.
>
> 어제 사진을 **못 찍었어요**.
>
> 가: 피곤해요?
> 나: 네. 어제 **못 잤어요**.

▶ '청소하다, 수영하다, 전화하다'와 같이 '명 + 하다'의 동사는 '청소 못 하다', '수영 못 하다', '전화 못 하다'와 같이 띄어 씁니다.
When writing verbs in the format of '명 + 하다' such as '청소하다, 수영하다, 전화하다,' the spacing is written as '청소 못 하다,' '수영 못 하다,' and '전화 못하다.'

> 예 어제 나나 씨하고 이야기 **못** 했어요.
>
> 일이 많아요. 등산 **못** 해요.

▶ 동사, 형용사 앞에서 부정할 때 사용하는 표현인 '안'과 구별됩니다.
It is different from the expression '안' that is placed in front of a verb or adjective to negate an action or state.

> 예 날씨가 못 추워요. (×)
>
> 날씨가 안 추워요. (○)